陪我的国一起复兴

引领时代的工业高科技

一读就懂的新质生产力

王雷◎著

電子工業出版社
Publishing House of Electronics Industry
北京 · BEIJING

内容简介

有没有觉得周围出现了很多新奇的事物？未来的工作和生活会如何被新质生产力所影响呢？为什么电动汽车最终会取代燃油汽车？因为它代表着未来的出行方式。那么电动汽车的安全、续航等问题，制造业的从业者们是如何解决的呢？人工智能是人类的助手，还是人类的威胁？人工智能到底能做哪些事呢？从过去“养儿防老”到不久的将来“机器人养老”，这样的老年生活真的会出现吗？机器人的工作原理是什么？有人觉得工作很难找，但现实中为什么大量的职位招不到人？新质生产力都会开拓哪些新的工作领域？我们将如何适应这充满变化的时代？

本书将用通俗易懂的文字，向读者介绍芯片、人工智能、锂电池、电动汽车、智能驾驶、机器人、低空经济等日益走进我们生活的科技与产品。也让朋友们从这些新兴的行业看到中国制造到底有哪些优势，以及未来的发展前景。

更重要的是，希望能向更多的读者展示新质生产力所带来的变化和机遇。或许能够在你选择学习专业、未来就业方向等需要做出人生重要抉择的时候提供启发与建议。

愿我们每个人，都能跟上这个变革的时代，享受到时代进步所带来的红利。

图书在版编目（CIP）数据

引领时代的工业高科技 ： 一读就懂的新质生产力 / 王雷著. -- 北京 ： 电子工业出版社, 2025. 3. -- (陪我的国一起复兴). -- ISBN 978-7-121-49785-8

Ⅰ. F279.244.4

中国国家版本馆CIP数据核字第2025WC8308号

责任编辑：董　英
文字编辑：付　睿
印　　刷：北京中科印刷有限公司
装　　订：北京中科印刷有限公司
出版发行：电子工业出版社
　　　　　北京市海淀区万寿路173信箱　　邮编：100036
开　　本：880×1230　1/32　　印张：6.875　　字数：220千字
版　　次：2025年3月第1版
印　　次：2025年3月第1次印刷
定　　价：78.00元

凡所购买电子工业出版社图书有缺损问题，请向购买书店调换。若书店售缺，请与本社发行部联系，联系及邮购电话：（010）88254888，88258888。

质量投诉请发邮件至zlts@phei.com.cn，盗版侵权举报请发邮件至dbqq@phei.com.cn。

本书咨询联系方式：faq@phei.com.cn。

推荐语

Recommended

这是一个百年未遇之大变革的时代，新质生产力、新型制造业，都会直接给我们每个人带来不同的变化和冲击。学子们要选择更前沿的学科去学习，年轻人要了解哪些是朝阳产业，老年人也要迎来新的养老方式。

想要更好地迎接新时代，就需要先了解时代的新变化。本书用通俗的语言，帮助我们了解现在主流的新质生产力，非常值得一读。

人民大学原副校长　李昭公

本书用易懂的方式，把现在和未来正在发生的生活、工作、科技、工业等的变化，展现给读者。本书很容易就能让人了解什么是芯片、人工智能、新能源、机器人、低空经济等正在我们生活和工作中不断出现的新质生产力。

世间难事，皆起于易；世间繁事，皆做于细。要想适应这个科技大爆发、制造业大发展的时代，不妨从本书开始。

中国船级社原副总裁　朱凯

制造业是我们国家的立国之本，不仅事关国家发展，也关系到作为参与者和受益者的每一名国人。

时代在进步，机器人、低空经济、人工智能、智能驾驶等新质生产力，正越来越深刻地影响和改变着我们的生活。我们应该去了解它们、掌握它们、参与它们。本书中没有那些晦涩难懂的专业术语，能让每一名读者都了解这些新质生产力。推荐所有关注国家发展的朋友们读一下本书。

中航国际供应链科技有限公司事业部总经理　黄文奇

和雷哥相识三年了，雷哥在专业上的积累，对行业的洞察，一直让我非常钦佩。本书深入剖析前沿趋势，以翔实的案例与精准的洞察，为我们展现了产业升级的多元路径。无论是企业决策者还是行业探索者，都能从中获取前沿视角和产业思考。这是一个日新月异的时代，技术更新迭代的速度前所未见，希望可以与所有读者，一起见证明天！

网络知名知识博主　三一博士

前言

Preface

芯片是如何造出来的，光刻机真的那么重要吗？人工智能是我们的助手，还是科技的老虎？别的国家害怕老龄化，而我国为什么能把老龄化转变成银发经济？低空经济将会如何改变我们的生活？机器人真的会走入生活吗？这些都是本书要向读者揭示的内容。读者也能从本书中了解到，我国制造业在可见的现在和不远的将来会如何改变我们的生活。

新质生产力，一个听着熟悉又陌生的词语。熟悉是因为大家经常听见，陌生是因为不少人觉得离自己还远。新质生产力正在一步步地改变着我们的工作和生活。

当年汽车替代了马车，数码相机替代了胶片相机，智能手机替代了功能机，这一切都是汹涌而至的。人们从窗口排队、商场购物转变为在手机上只需要简单操作几步就能解决生活中的大多数问题。这就是新质生产力带给我们的一部分改变。

当社会发生变革的时候，我们应该去了解它、熟悉它、迎接它，并和它共同发展。

不用担心看不懂本书，本书尽可能地少使用专业名词，希望各行各业的读者都能够通过通俗易懂的文字，了解我国的制造业、我国的新质生产力已经发展到了什么程度，以及发展的速度有多快。

举个简单的例子，本书写于 8 个月之前，其中很多科技事件在当时是刚刚发生的。但等您看到本书的时候，也许会发现很多科技再次发生了变化。

了解新质生产力，了解前沿制造业，对您和您家人的职业拓展、技能学习选择及未来事业规划，都非常有帮助。

制造业虽然有枯燥的一面，但也有独特的硬核之美，读完本书也许能让您喜欢上制造业。

感谢每一位读者，愿我们都能更好地适应这个变革的时代。

陪我的国一起复兴

王雷

雷哥聊工业

目 录

Contents

第一章

芯片是怎么来的

芯片，是人类工业史上创造出来的令人惊叹的产品之一。

想想看，在一个手指甲盖大小的面积上，居然聚集着数以十亿计的元器件。这些元器件大的不过几十纳米，小的才 5 ～ 7 纳米。

你可能对这个尺寸没什么概念，我可以举一个具体的例子进行说明。大多数人小时候会被大人提醒要注意卫生，不然手上会沾染很多细菌。有的家长会告诉孩子，一张纸币上可能带有上百万个细菌。这应该是很多人对微小物质的最初概念了吧。而根据研究表明，一般的细菌大小大约是 400 纳米。

正是因为人们能将元器件的尺寸做到只有细菌大小的百分之一，这才让数十亿个元器件能够聚集在方寸之间。而且它们分工明确、各司其职。可以说在芯片的面前，所有曾经让人类叹为观止的微雕作品都黯然失色了。

你是不是很好奇，这些芯片是如何制造出来的？下面就让我们一起开始一段芯片之旅吧。

1.1　昂贵的芯片与廉价的沙子

你有没有听说过，因为人类半导体的大发展，全世界的沙子都快用完了？

这句话并不完全是笑话，因为作为高端工业品的芯片，还真的就来自最不起眼的沙子。而能将芯片与沙子联系起来的，是一种重要元素——硅。

硅元素在地球上并不少，大约占到 26%，仅次于氧元素。它看似很多，随手可得，但其实很难提取。这里涉及一个工业上的概念——提取成本。

举个简单的例子。在古代，清晨花瓣上的露水是最适合泡茶的水源，它有一个名字叫作初露。据说杨贵妃泡茶使用的就是初露。下图是清晨花瓣上的露水。

»清晨花瓣上的露水

其实初露与从井里打上来的水差不多，但是可以想象，二者的获取成本天差地别。

在工业领域，成本是最重要的考虑因素之一，不可能不计成本地获取“初露”。因此，要想提取半导体芯片所需的硅，就必须找到最容易制备、成本最低的物质。因此人们选择了沙子。下图是广袤的沙漠。

»广袤的沙漠

沙子是地球上含量比较丰富的物质之一，其中含有大量的二氧化硅。一些优质沙矿的二氧化硅含量甚至高达 90% 以上。也就是理论上 1 吨高质量的沙子能够提取将近 900 千克的二氧化硅。沙子的筛选和纯净工艺也很成熟，成本相对较低。

当然，就如同初露与井水一样，虽然都是水，但由于获取成本完全不同，所以有的成为人们的生活用水，有的能给杨贵妃泡茶用。沙子也一样，能够成为半导体原材料的沙子与一般的沙子也是有区别的。因此，如果想让本节开始的那句话更准确，应该说：适合制造半导体的沙子快用完了。

人们将沙子中的杂质清洗分离，就可以制备出纯净的二氧化硅，这就是制造芯片最初的材料。但是这样的材料不能直接用来制造芯片，必须再进行多次纯化，使其成为半导体级别的硅。

这时芯片已经走在了被制造之路上。

1.2 看芯片行业“点沙成金”

能够制造芯片的硅，先要进行高度的纯化，也就是将其中的氧原子等杂质原子都挑出去，提取出芯片级别的纯净硅。

芯片级别的纯净硅，又叫半导体硅，大概要纯净到什么程度呢？不少朋友都买过黄金制品吧？现在市面上有一种被称为“四个九”的黄金制品，其被公认为纯金。所谓四个九，就是黄金含量要达到 99.99%。

相比之下，半导体硅的纯净度需要达到九个九，也就是 99.9999999%。按照这个纯净度标准，平均每十亿个硅原子中只能有一个杂质原子。

这只是入门级别芯片的要求，如果需要制造更高端的芯片，纯净度还要大幅提升，需要达到十一个九，也就是 99.999999999%。换算过来就是，一千亿个硅原子中只能有一个杂质原子。

当然，纯净度越高需要的设备成本、环境成本、工艺成本也就越高，相关内容就不在这里展开介绍了，后面还会继续介绍。

那么工业上是如何做到如此高纯净度的呢？想要制备出如此高纯净度的硅，一步到位是很难做到的，需要经过多个步骤。在制造业中，把这些步骤称为工步或工序。

从二氧化硅中提取纯硅，一般是往二氧化硅中加入碳之后加热，让二氧化硅中的氧原子在高温下与碳形成还原反应，从而生成硅和一氧化碳。这相当于先把硅原子和氧原子进行分离，再经过冷凝之后，就能得到纯净度达到 98% ～ 99% 的硅。不过这距离半导体硅的要求还相差很远，因为里面还含有铝、铁等杂质。

然后要加入氯化氢气体，还是通过加热等方法，使硅锭被液化，同时促进其中的铁等杂质产生化学反应，生成不同的氯化物气体。这等于将杂质带了出去。经过这样多次反复提纯，就能初步形成制造半导体的纯硅。

为什么说是初步形成呢？因为这时候纯硅叫多晶硅，意思是它虽然已经是比较纯净的硅了，但是它内部的硅原子排列得散乱且不整齐。如果用这样的硅制作芯片，会让芯片的电子性能较差。

多晶硅的样子如下图所示。

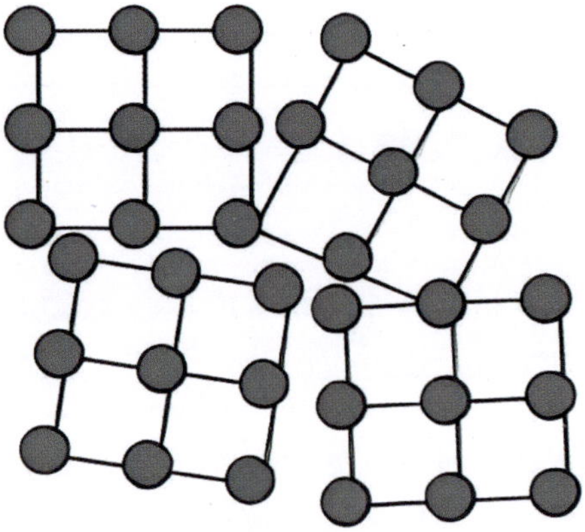

»多晶硅的样子

这比较像我们日常见到的铺设高速公路，每一层材料都要通过振动设备将它们尽量铺设均匀，否则等最后铺上沥青时，底层的铺路材料中就会产生杂乱的空隙，后续高速公路通车后，车辆很容易将路面压出各种坑坑洼洼。

半导体同样如此，为了保证芯片的工作稳定，最终用于制造芯片的硅必须是单晶硅，也就是它内部的硅原子要排列得整整齐齐。

单晶硅的样子如下图所示。

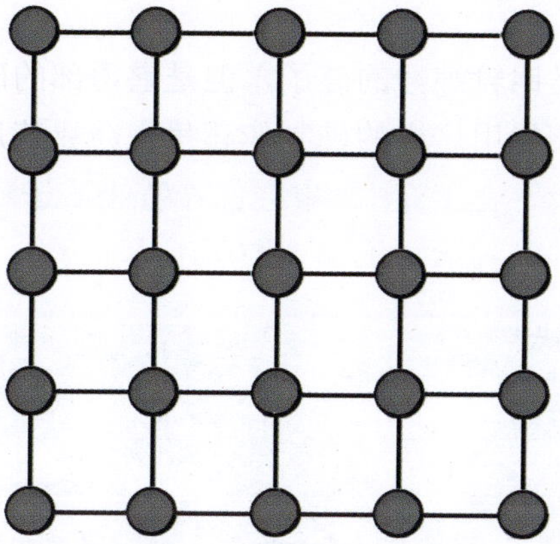

»单晶硅的样子

这时就进入了芯片制造过程第一个比较神奇的环节：生长出单晶硅硅棒。

有人可能觉得奇怪，工业品也能像农作物一样通过生长制造出来吗？当然可以，而且生长法在工业中并不罕见。比如，制造芯片的基础材料晶圆，用的就是提拉法。提拉法又被称为直拉法，简称CZ法。它是一种直接从多晶硅溶液中拉制出晶体的生长技术。

提拉法的大致做法如下。先将多晶硅在晶圆炉中加热，一直到多晶硅融化成液体。这时需要的温度大于1420℃。

等炉内多晶硅液体的温度变得均匀之后，会有一个单晶硅的晶种被悬吊着慢慢接触溶液的表面。然后晶圆炉会精准地调节晶种周围的温度，使得多晶硅液体开始围绕晶种凝固。此时凝固而成的晶体就是单晶硅硅棒。

说到这里，可能有读者会感到好奇，这个单晶硅的晶种又是怎么制造出来的呢？它是由专门的晶种生产厂制造的，比如用化学气相法就能够得到高纯净度的单晶硅晶种。只不过这种方法的成本非常高，不能用于大规模工业化生产，只能用于制造晶种。是不是很有意思？在工业中，也会像养殖业那样，存在专门的“育种厂”。单晶硅晶种的样子如下图所示。

»单晶硅晶种的样子

悬吊着晶种的设备，会与晶圆炉内的温度控制系统相互配合，以合适的速度向上提拉。而硅棒也就随着晶种的提拉，不断地从熔化的多晶硅液体中生长出来。

随着单晶硅不断凝固，硅棒不断生长，原先多晶硅中的杂质会被再一次分离出来，使得最终硅棒的纯净度再一次得到提升。

晶圆生长炉如下图所示。

»晶圆生长炉

但这个过程非常考验设备的高科技水平。因为晶种提拉的速度越慢，生长出来的硅棒越粗、直径越大。一次性能生长出的单晶硅硅棒直径越大，自然生产效率就会越高，同时成本也会越低。

但这里又会遇到问题，那就是随着硅棒直径的增大，内部的热量传导到外部的速度就会变慢。这样很容易造成硅棒内部冷热不均，硅棒在成长过程中很容易产生裂缝等。

因此必须让晶种的提拉速度与炉内的温度控制实现完美的配合。这样才能让硅棒的直径更大，同时保证最终产品的良品率。

随着不断地实践和优化，晶圆的直径从最初的2英寸逐渐发展到6英寸、8英寸。到了现在，市面上常用的晶圆直径是12英寸。

值得高兴的是，我国现在的晶圆制造企业能够制造的晶圆直径已经达到12英寸。当然我国的工业人仍在不断地努力，或许等您看到这本书的时候，我们生产的晶圆直径能达到18英寸或者更大。

成型的硅棒会被切割，切成薄薄的一片，此时它的名字变成晶圆。它是制造芯片的关键材料。一片晶圆可以同时制造出多个芯片。同样，直径越大的晶圆能同时制造的芯片数量也就越多，生产效率越高，成本越低。

根据各家企业制造的硅棒长短不同，一般能够切割出3000～3500片晶圆。而每片晶圆的厚度也会根据直径的大小不同而不同。晶圆直径越大，也会越厚。比如，直径8英寸的晶圆的厚度为725微米左右，而直径12英寸的晶圆的厚度为775微米左右。

各种芯片就是在如下图所示的晶圆上被制造出来的。

»各种芯片就是在这样的晶圆上被制造出来的

1.3 什么是光刻胶

要想制造芯片，首先面临的问题是如何在坚硬的硅基晶圆上刻画出错综复杂的线路以及数以十亿计的元器件。

当这些线路和元器件的尺寸以纳米作为计量单位的时候，人类最精密的刻刀也无法完成这样的任务。这时候人们想到用光来做这把“刀”。

后来出现了让大家耳熟能详的光刻机。

不过，别听到光刻机就以为能够直接用光在硅基晶圆上刻出电路。其实光刻机中的光“刻刀”刻的是涂抹在晶圆上的光刻胶。

光刻胶的正规名字叫光致抗蚀剂，它由感光剂、聚合剂、溶剂、辅助剂等组成。它的作用相当于在晶圆的表面先涂抹一层保护膜。它能够抵挡住后面工序中化学液体对晶圆的腐蚀。下图是涂抹光刻胶工艺。

»涂抹光刻胶工艺

复杂的芯片线路图通过不断缩微，最终可形成光刻机上的胶片。光刻机的光源透过胶片，将这些线路映射到涂了光刻胶的晶圆上。这就好像咱们小时候看到的剪影，光源照在剪影纸上，镂空部分的光线穿透过去照在屏幕上，而其他部分的光线则被遮挡住了。

当然，真实的芯片光刻工艺比以上介绍的还要复杂，不过原理是相通的。

这道工序在芯片制造过程中被称为前道光刻。之前闹得沸沸扬扬的“卡脖子”设备，指的就是前道光刻机。其实在芯片制造过程中，还会用到多种光刻机，比如后面将会介绍的中道刻蚀光刻机、后道封装光刻机等，它们都是不可或缺的关键设备。

回到前道光刻工序，光刻胶被光刻机的光线照到的部分会发生反应，变得没有那么牢固了。这也为后面的芯片刻蚀工艺打下了基础。

下图是刻蚀工艺。

»刻蚀工艺

因为被前道光刻机照射完成之后的晶圆会被浸入一种特殊的溶液中，之前介绍过的被前道光刻机的光线照射到的线路和元器件区域上的光刻胶就会被溶解，之前被覆盖的晶圆本体就会裸露出来。而没有被照到的部分，光刻胶依然保持完好。

之后晶圆又会进入下一道工序，在这里使用刻蚀光刻机和化学溶液相结合的方式，蚀刻裸露在外的晶圆，这就形成了芯片上的线路和元器件。再经过超纯净水的冲洗，芯片的原型就算出现了。

当然，咱们这本书的定位是科普书，只是简单介绍一下芯片的制造过程。其实一个芯片从晶圆涂抹光刻胶开始，一直到最后的封装，中间有几百道工序，是非常复杂的过程。

讲到这里读者也许已经明白，光刻胶在芯片制造环节起到了什么样的关键作用。这种材料也确实不简单，它具有极高的光灵敏度，也就是说只有被前道光刻机照到的区域才能发生反应，没有照到的区域必须保持原有的性能，否则用前道光刻机画出的线路就做不到那么精准了。同时它还具有高黏附性，能牢牢地黏附在晶圆表面。它的纯度也非常高，不能含有杂质，不然可能会带来反射、折射等不良干扰。另外，光刻胶还非常娇气，它需要严格的密封冷链存储和运输，而且超过 90 天就会失效。

就连涂抹光刻胶的工艺也有严格要求，涂抹必须均匀，厚了不行，薄了也不行，晶圆上光刻胶的一般厚度在 2 和 17 微米之间。整个涂抹光刻胶的工艺过程也是非常复杂和严格的。2019 年，台积电就因为涂抹光刻胶的设备参数设错了，没有清理干净上一道工序中的铁离子，结果造成近万片晶圆受到污染，这次事故给企业带来数亿美元的损失。

1.4 光刻机的故事

前面介绍过，前道光刻机的作用并不是直接在晶圆上画芯片，而是在光刻胶上画线路和元器件。那么什么样的光线能够让光刻胶发生光致反应呢？

经过人们不断探索，发现紫外线与光刻胶结合的效果是最好的。所以，现在的前道光刻机分为深紫外线（DUV）光刻机和极紫外线（EUV）光刻机。这两种紫外线有什么不同吗？它们最重要的区别就是波长不一样。

深紫外线的波长大约在 200 和 300 纳米之间，在我们的生活中也会接触到这种深紫外线，比如医院用于强力消毒的深紫外线灯。

按照业界以往的经验，通常将深紫外线做 DUV 光刻机的光源，能够刻画实现 14 纳米以上的芯片。但当芯片上元器件的距离小于 14 纳米时，使用 DUV 光刻机就达不到要求了。

后来人们采用了一种波长更短的紫外线，即极紫外线，又称极端紫外线辐射。它的波长可以短到 10 纳米。使用波长为 13.5 纳米的极紫外线，就能够生产 14 纳米以下的芯片。使用极紫外线光源的光刻机，就叫极紫外线光刻机。

在自然界中，只有一个地方能够产生极紫外线，那就是太阳。科学家们发现在太阳的日冕中存在极紫外线。而人类要想制造极紫外线，就要通过等离子源或同步辐射光源等方法来实现。

人们还发现，极紫外线太容易被外界吸收了，几乎碰到任何物质的原子都会产生电离现象。只有在真空环境下，极紫外线才能正常穿行。所以，也有人称它为真空紫外线。

由于极紫外线的波长非常短，所以它的放大和折射都需要很特殊的物质才能实现。

由于 EUV 光刻机的精密度比 DUV 光刻机大幅提升，因此 EUV 光刻机不仅要研制出极紫外线的光源系统，而且要研制出高精度弧形反射镜、超高精度真空双工作台等高精尖的部件。

正是因为 EUV 光刻机的精度要求很高，所以它的生产制造难度也很高。当初汇聚了西方四十多个国家，它们各自在自己领先的领域提供顶尖的零部件，最后才在荷兰的阿斯麦公司生产出了第一台 EUV 光刻机。

由于这一原因，当美国开始对中国半导体产业施加压力时，光刻机行业的领军企业阿斯麦公司的首席执行官（CEO）曾在公开场合向媒体表示，光刻机的制造汇集了全球多个国家的顶尖技术。他指出，中国想要独立研发并制造出光刻机，是一项几乎不可能完成的任务。

但仅仅一年之后，中国就拿出了自己的 DUV 光刻机。虽然还只能制造 14 纳米的芯片，但已经迫使阿斯麦公司的总裁温克宁开始改口，他说中国有十四亿人，而且聪明人很多，他们能想到我们未想到的解决方案，出口管制只会迫使他们提升创新能力。

到了 2023 年，中国在 EUV 光刻机三大核心部件 EUV 光源、高精度弧形反射镜、超高精度真空双工作台上都已经取得了突破。这彻底打破了阿斯麦公司独占 EUV 光刻机的局面。

而此时的阿斯麦总裁温克宁显得有点儿气急败坏，他对媒体说，中国自主研发光刻机，破坏了全球芯片产业链平衡，尤其是华为公司。

这就说完了前道光刻机的故事。完成前道光刻机的工序后，晶圆就会进入之后的工序，由中道和后道光刻机来继续制造。

经过刻蚀和清洗的晶圆，已经形成了芯片上的线路和元器件。接着人们将剩下的光刻胶清洗掉，注入等离子体，改变晶圆上的电子性能。让晶圆上的元器件具有半导体性能，也就是能根据逻辑电路的要求，实现可控的通电和断电。1 代表通电，0 代表断电。

无数的 0 和 1 就组成了所谓的机器语言。芯片会根据这些 0 和 1，进行程序运行和输出计算结果。

做好这些之后，就要进行芯片的封装。简单地说，就是给芯片装个外壳，这个外壳的作用是密封和保护芯片，也方便在电路板上安装和固定芯片，同时能起到给芯片散热的作用。芯片封装如下图所示。

»芯片封装

封装还有一个非常关键的作用，那就是建立芯片与外界的联系桥梁。首先用导线将芯片上的连接点与芯片的引脚连接，然后通过引脚与电路板上的线路连接，使得芯片能与其他元器件共同工作。封装好的芯片如下图所示。

»封装好的芯片

芯片是整个电子设备中的重要组成部分之一，它与整个电子设备的应用和功能息息相关。每种电子产品都会对应一款为自身设计的芯片，或者说，为了使用某种新型芯片，电子产品也会围绕它做特定的设计。

明白了这一点，读者们就不会犯冯·德莱恩的低级错误。她在2022年对媒体说，俄罗斯现在已经没有芯片了，只能从洗碗机和冰箱中取出芯片供导弹使用。这是典型的对芯片作用不了解所说的外行话。而有些人将某款芯片的问题扩大到整个芯片行业，也是一种不懂行的表现。

1.5　芯片中的冷知识

芯片的制造工序多达数百道，其中很多工序还会反复进行。本书作为一本科普书，自然无法将其一一道来。下面说点儿大家可能会感兴趣的话题。

制造芯片的车间为什么会那么昂贵？这是因为芯片制造对环境的要求极为苛刻。下图是光刻机车间。

»光刻机车间

大家可能知道，现代手术室对室内的湿度、温度，以及空气纯净度有着相当高的要求。

一位医生朋友曾给我讲过一个故事。手术前护士需要将消好毒的器具摆放在手术器械托盘中。越是复杂的手术，需要的器具越多。有一次两位护士好不容易将一台心脏手术所需的器具摆放完毕，结果在撤离手术室的时候，一位护士的手术衣衣角不小心从手术器械盘上擦了过去。这被主治医生看到，马上要求她们撤掉已经摆好的器具并消毒，然后重新摆放一套。

也许你觉得手术室对环境的要求已经很高了，但这跟芯片制造车间相比，则显得不值一提。因为芯片制造车间所要求的空气纯净度，是最高标准手术室的十万倍。

对于一个高端芯片的制造车间，投资动辄可达到数亿元，甚至超十亿元的规模。这也是为什么世界上只有极少数国家才有实力建立半导体产业的原因之一。

同时，看似高端的芯片制造也离不开一种非常常见的资源，那就是水。芯片制造的多个环节都需要超纯净水。这种水之所以被称为超纯净水，是因为它除了含氧原子和氢原子，几乎不含任何杂质。

这种超纯净水的制取也很复杂，包括使用蒸馏、去离子化、反渗透等超临界精细技术。1 升饮用级别的自来水，大约只能提取0.6升的超纯净水。如果是从自然界中提取，则需要更大的水量。

所以芯片厂商在选址的时候，有一个很重要的考虑因素，那就是厂址附近是否存在大量的水源。

2023 年，台积电在美国亚利桑那州新建芯片厂，仅这个工厂一年的用水量就相当于当地 16 万户家庭的用水量。可见芯片制造是只“水老虎”。台积电选在当地，也是因为科罗拉多河正好流经于此。下图是台积电在建的美国工厂。

»台积电在建的美国工厂

但这个工厂建成不久后就遇到了尴尬事儿。在它开始建设后没多久，英特尔也相中了这个地方，也在附近新建了工厂。

让两家企业没想到的是，2023 年科罗拉多河遇上了枯水期，搞得当地居民也开始用水紧张。当地不少民间组织向台积电发起了“用水权”的诉讼，这让台积电很是狼狈。

生活中，再高级的厨师也离不开盐、味精、糖等普通调味品。对于制造业来说也是如此。如果没有好的资源和基础设施，再高端的制造企业也会出现问题。

说到这里大家应该能理解，为什么说我们领先全球的基础设施建设能成为支撑我们制造业发展的基石。

1.6 明日芯片的命运

人类所有的工业品都在不断地进步和改变，芯片当然也不例外。那么芯片行业正在出现哪些变化呢？

先说说大家都知道的硅基芯片，它属于传统芯片的范畴。对于传统芯片，不得不提摩尔定律。

摩尔定律虽然也包含定律这两个字，但是跟咱们平时学到的物理定律和化学定律不同，它其实总结了半导体行业的发展规律。换句话说，如果半导体行业能够按照这个规律发展，那么就能继续拥有强大的生命力。反之，则可能有其他的发展路径替代它。

1965 年，当时的英特尔名誉董事长戈登・摩尔在参加一个行业纪念会之前，为自己准备了一份关于计算机存储器发展趋势的报告。下图是摩尔定律的创造者戈登・摩尔。

»摩尔定律的创造者戈登·摩尔

在绘制报告数据图表时，他发现当时每代升级换代的芯片大约都有相当于前一代的两倍容量。并且，升级换代的时间是前一代芯片出来之后的 18 ～ 24 个月。

他觉得这个规律很有意思，所以对其进行了更深入的研究，最终得出了关于半导体的摩尔定律。这条定律的内容包括三个部分：一是芯片上所集成的元器件数量每隔 18 ～ 24 个月就会翻一番；二是芯片的性能每隔 18 ～ 24 个月就会提升一倍；三是假如用 1 美元来计算，那么能买到的计算机性能每隔 18 ～ 24 个月也会翻一番。

很多人在谈到摩尔定律的时候，往往更关注前两个部分，而忽视了第三个部分。但芯片作为商用化的工业品，成本控制其实是相当重要的因素之一。几乎所有工业品都需要考虑成本因素，而对更低成本的追求也促进了材料的选择替代和更新进步、工艺方法的创新等。为什么很多非常优秀的材料或者创新产品在我们的生活中却看不到呢？其中非常重要的原因之一就是，这些材料或产品还没有找到能用合理成本进行大规模工业化制造的方法。

能够控制好成本也是制造业如今大发展的重要手段之一。因此控制成本并不是一个经济学问题，而是工业制造当中非常关键的因素，甚至影响一种新的材料或技术能否得到实际应用。其中最著名的例子就是石墨烯。

现在的硅基芯片，尤其是高端芯片（7 纳米以下），遇到了相当尴尬的局面。第一个尴尬是成本居高不下。在撰写本书之时，行业统计的数据是，每当新一代芯片的整体性能提升 15%，制造成本却几乎都会翻一番。这个问题已经困扰芯片行业两三年了。估计读者在看到本书的时候，这个问题也很难得到解决。原因就是之前跟大家介绍过的，用 EUV 光刻机制造高端芯片的整个环节都太昂贵了。

第二个尴尬是硅基芯片已经非常接近物理上的理论极限。按照物理学理论，芯片中负责开关的那部分叫栅极，跟电器开关很像。它根据设定决定晶体管是处于通电状态还是不通电状态，这就形成了机器能读懂的 1 和 0，这些 1 和 0 通过不同的逻辑门组成了完整的运算体系。下图是芯片源极、栅极、漏极示意图。

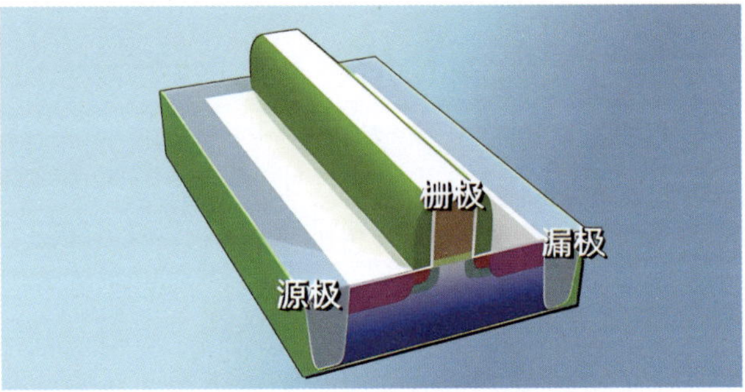

»芯片源极、栅极、漏极示意图

什么是逻辑门？在著名科幻小说《三体》中有一个细节：秦始皇汇聚了数万人，其中三人一队组成了人列计算机。这个最小的三人小队相当于芯片中的一个元器件。

按照约定，三人中的领队起到栅极的作用。当他举起白球时，代表线路不通，其他两人也同时举起白球。这样他们旁边的小队看到的就是传输过来一个 0。如果领队举的是红球，那么表示线路畅通。然后旁边的三人小队再根据规则，由领队决定是该举白球还是红球。

规则可以这样设定，比如，看到周围有三人小队举起的都是红球，那么自己举起白球。又比如，只有一个小队举起红球，那么自己也举起红球等。

这些规则在芯片设计中叫逻辑门，包括与门、非门、或门等。这些逻辑门再经过组合，又能形成具有更多复杂逻辑的大逻辑门。众多大逻辑门又可以形成更大的组合，最终让一个复杂的程序得以运行。这样大家就能明白，为什么芯片上的元器件数量越多就越能完成复杂的计算。

芯片上负责指挥的这个“领队”，就是栅极，它不可能做到无限小。理论上，它只能做到 1 纳米。因为小于这个尺寸之后，栅极非常容易被电流击穿，这又被称为隧穿现象。如果开关坏了，轻则程序出错，重则芯片报废。

按照这个理论计算，芯片最小的尺寸是 3 纳米。而且工业上有一个铁律，那就是不能按照极限来设计产品，否则产品就会极为娇气，尤其是民用品，必须要留足安全冗余。

以手机为例，如果按照极限来设计，那么可能轻微的磕碰，甚至干燥环境下人体产生的静电，就有可能将手机芯片击穿。

其实硅基芯片面临的远不止这两个尴尬，但这两个尴尬足以让半导体行业开始积极地寻找新的替代品。比如，华为开始做的堆叠芯片，就是将多块中端芯片，比如 14 纳米甚至更高级的芯片，通过更厉害的封装技术组合在一起。这样做不仅能发挥出高端芯片的性能，而且成本也会大幅降低。随着堆叠技术的进步（包括散热技术），可以用低成本堆叠出更多层芯片，这样的芯片性能甚至可以超越昂贵的高端芯片。

起初有人认为这是高端芯片的路走不通，才只好寻找替代路线。其实英特尔、高通等半导体企业也在研发这种技术，甚至还给这种技术起了一个好记的名字，叫“乐高芯片”。

这些半导体企业不这么做不行了，因为高成本的制造工艺让这些企业也承受不起。2024 年，英特尔就被爆出，隐瞒了高达 70 亿美元的亏损。被曝光后，其股价迅速下跌，结果引发持有英特尔股票的股民集体提出诉讼。

由此可见，行业的痛点是一样的。

除了堆叠芯片的方法，还有通过多重曝光工艺让相对便宜的 DUV 光刻机也能生产低纳米的高端芯片。

华为在国家知识产权局公布了自己的一项专利技术，该技术能够通过四次曝光让 DUV 光刻机生产出 7 纳米芯片。这打破了以往西方国家认定的，只有 EUV 光刻机才能生产 14 纳米以下芯片的观念。

除此之外，因为很多新的应用领域诞生，所以也派生出了很多新的芯片需求。比如，量子计算所需的光子芯片，高性能有源相控阵雷达上使用的氮化镓芯片等，它们都不再使用硅基材料。

我们很快会看到芯片行业百花齐放的场景。

关于芯片的内容，大致介绍到这里。不过还有一个观点，希望读者能了解，那就是光刻机和芯片，到底哪个才是我们最该关注的。

这个问题也许会让大家觉得奇怪，那么打个比方：光刻机是制造芯片所使用的工具，而芯片则是最后的产品。换个说法就是，一个行业的水平到底是用工具来证明的，还是用最终的产品来证明的。

这是不少人在谈到芯片这个话题时会进入的误区。这个误区的产生有一个基础逻辑，那就是一个行业的技术路线是不是只有西方国家走的才是正确的。

将这个基础逻辑代入芯片行业，就会出现一个非常有趣的现象。拿华为公司举例，它在 2024 年前后不到一年的时间内，连续发布了五款高端手机。从 Mate 60，到 Pocket 2，再到三折叠手机 Mate XT 等，每款手机都采用的是 5 ～ 7 纳米制程的高端芯片。美国议会根据这个事情做出决议，要求美国的情报机构查出到底是哪家企业给华为代工的芯片。为此全球唯一制造光刻机的企业阿斯麦筛查了他们出售的所有 EUV 光刻机的后台数据。最后得出的结论是，华为的芯片不是由阿斯麦的光刻机制造出来的。下图是华为的三折叠手机 Mate XT。

»华为的三折叠手机 Mate XT

为什么只筛查 EUV 光刻机呢？之前给大家介绍过，按照西方国家的技术路线，想要制造 14 纳米以下的芯片，必须使用 EUV 光刻机，没有第二条路可走。很多人关心中国是否能够自己制造出 EUV 光刻机，背后也是这样思考的，就是要按照西方国家的技术路线走。

现在的情况是，华为的高端芯片不仅是自己制造的，而且还“量大管饱”。到现在为止，除了华为没有哪家手机企业，在半年多的时间内，能够连续推出多款不同的机型，而且每款机型的销量都在数百万到上千万台之间，都是主力机型。这样的推出新产品的能力，即使是当年如日中天的诺基亚也做不到。这也说明了华为的芯片制造工艺不仅有足够的产能，而且良品率也足够高。

那么问题来了，华为的芯片是如何制造出来的呢？众所周知，现在华为对芯片来源严格保密。笔者在采访华为宣传部的时候，他们的负责人表示，知道芯片来源的在华为不超过五个人。从笔者了解到的行业情况推断，很可能是华为走出了一条与西方国家的技术路线不同的路线。这才是真正颠覆行业的技术突破，也难怪要严格保密了。

这也是华为当时推出 Mate 60 的真正意义。不仅宣告西方国家的芯片封锁彻底失败，而且更关键的是，未来可能会出现两条并驾齐驱的技术路线。这样的话，未来半导体行业谁将执牛耳，可就不好说了。

如果华为走出了自己的技术路线，那么也将给所有行业的科研人员提了个醒，那就是技术路线不止一条，西方国家的技术路线也不一定是最佳的。

其实历史的发展也是如此，比如最早人们发明了斧子，所以当时的人会认为，想要伐木就需要斧子，直到后来有人发明了锯子。

在后面介绍机器人的章节中，大家将会看到活生生的例子，那就是中国企业走出了自己的技术路线，从而在行业内取得了领先的成绩。

顺便说一句，估计到本书上市之时，华为的芯片代工依然是个谜。不过大家可以把上面说的记下来，等华为公开这个秘密的时候，一起来检验。

2

第二章

人工智能
是不是老虎

人工智能是新质生产力中排名靠前的未来科技。在本书之后的章节中，也有很多行业需要用到这项技术。

现在无论是家电、汽车，还是制造设备，甚至军事武器，如果不加上智能化，似乎就落伍了。

在现代发展的前沿产品和技术中，人工智能又是实实在在的存在。比如，机器人的应用、自动驾驶、低空经济、无人送货等，甚至在新材料研发、医药研究、宇宙探索等领域，这项技术都在带来革命性的变革。

因此我们把它放在本书的第二章来介绍。

人工智能这个词，能让大家熟知，有科幻电影的功劳。只不过有点儿不幸，它的形象往往不那么可爱。像著名的终结者系列、生化危机系列、《我和 AI》等电影，似乎在向我们展示人类的未来，人类总有一天会被人工智能控制或替代。

那么人工智能到底是人类未来最重要的科技助手，还是能“吃掉”人类的老虎呢？也许一千个人心中就有一千个“人工智能”。下面让我们看看，人工智能这项技术到底是如何发展的、如何工作的，以及如何细分到社会各个行业中的。这样读者在心中就能够做出自己的判断。

下面让我们一起走进人工智能的世界吧。下图是人工智能想象图。

»人工智能想象图

2.1 人工智能是什么时候出现的

其实在最开始，人工智能的名字并没有这么好听，那时候的科学家们将能够自我学习提升的系统，称之为机器深度学习技术。

在此首先明确一下，人工智能虽然会应用在很多硬件领域，比如机器人、智能驾驶等领域，但它属于标准的软件范畴。

以前的程序员觉得，每次写程序都需要自己辛辛苦苦、一行一行编码，非常麻烦，也很慢，于是希望设计出一种算法，让软件能够通过学习使用者的习惯，使程序自己成长起来。这就催生了机器自我学习的技术，也就是人工智能技术的萌生。

第一个有意思的规律是，很多科技进步都是被人类的惰性所推动的。本书后面讲到的很多技术，之所以能够推广发展，也是源于这个底层逻辑。笔者觉得这才有了懒人推动科技进步这样的说法。

人工智能技术的源头之一，是20世纪出现的一种新型算法，叫模糊计算。这种算法打破了以往人们对传统计算机的理解，实现了计算机算法的一大突破。

在此之前，人们对计算机算法的理解是能够快速、准确地给出解题答案。其中的关键是准确，就是在设定好计算模型之后，输入数据，都会得到一个标准的正确答案。

模糊计算则不同，其也叫非模型算法，又被称为第一代智能算法。也就是说，计算机不再按照系统架构给出的固定的解题思路去解题，或者计算机的解题算法有可能会发生变化。

这种算法的变化，让计算机的运算逻辑更加贴近人类的思维。比如，在生活中，我们处理很多事情使用的都不是线性的方法。不同的人遇到同样的事情选择的处理方法也不一样。比如，看见大街上有人争吵，有些人会选择上前围观，而有些人则会选择躲得远远的。这就是同一种输入但结果不同的例子。

从模糊计算中，最先发展出来的是均值模糊、高斯模糊等模型思路。这两种模型思路都是应用在图像处理领域的。可以用比较简单、有效的方法，让图像平滑过渡，去除图像中的噪声（就是电子图像中一些因为亮暗或者颜色变化而产生的散乱像素），而这些是使用电子摄影设备拍摄所难以避免的。

图像处理方法的出现，可以让我们拍摄的视频和照片变得更容易修饰和美化。最早的应用之一就是电影特效。比如传统图像处理方式的处理效果如下图所示。

»传统图像处理方式的处理效果

经过模糊计算的图像处理效果则如下图所示。

»经过模糊计算的图像处理效果

2.2　什么是人工智能大模型

前面说到了模型的概念，那么什么是模型呢？

在软件开发中，模型是为开发复杂的软件系统而设计的。系统架构师针对系统的开发目标，将目标系统所有的特征抽取出来，然后用数学方法搭建起能够用计算机语言表达的整体架构，这就是所谓的模型。

模型设计好之后，由程序员将细节补充进来，最终形成了完整的软件系统。可能不懂计算机编程的读者看不太明白，其实只要按模型与造房子都需要事先设计来理解就好。造房子之前，要先设计房子的最终样子，有几间卧室、几个卫生间，把厨房设计在哪里，客厅需要有多大等。

举个例子。比如，要开发一款游戏，那么首先就要设定游戏具有什么样的趣味性，是通关型的还是博弈型的。然后设计游戏中需要哪些人物或者角色，角色各自具有什么样的能力等。最后设计游戏中玩家如何控制各角色运动，前进的路线是什么，以及遇到障碍会发生什么等。把这些都设定好之后，整个游戏的模型就建立了起来。其中的参数，就是游戏角色的外观形象、技能的表现方式、搏击的伤害度等。接着由程序员对角色形象、游戏场景、运动姿态等进行编程。最终就形成了一款可供人们玩的游戏。

从以上解说大家能感觉到，以前的软件模型需要设定的参数比较有限。一个中型软件，模型中所设定的参数大约只有几万个或者几十万个。到了人工智能时代，模型所需的参数产生了一种跨越式的变化，参数规模变得超乎以往的巨大，一般的人工智能模型拥有的参数在十亿个以上。这就是为什么人们称人工智能模型是大模型的原因。

由此也能知道，人工智能的大模型与传统的计算机软件相比，具有大参数数量、高计算复杂性和高数据消耗等特点。人工智能大模型算法示意图如下图所示。

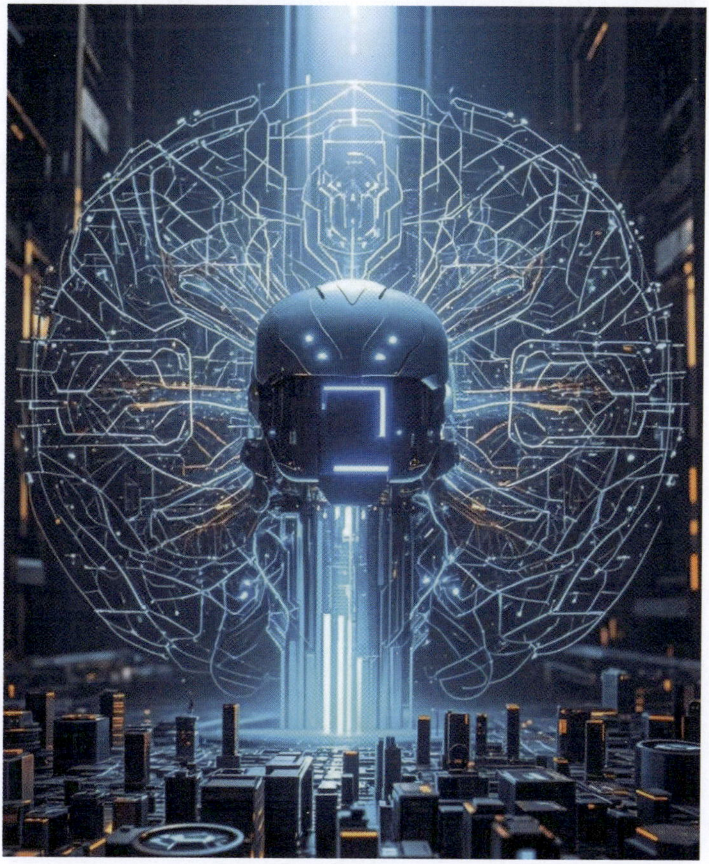

»人工智能大模型算法示意图

人工智能大模型会在不同的应用领域发挥作用，在这些领域，模型的设计和参数是不一样的，其中的差别非常巨大。到目前为止，还没有任何一种人工智能大模型能在各个应用领域通用。而且，在可预见的未来，应该不会出现这样的大模型。毕竟不同应用领域所需的参数差异非常大，通用型人工智能会让数据量和计算量呈指数级增加，现在来看并没有必要非得开发通用型人工智能。

目前有种说法，有些企业想做出通用型大模型，基于以上原因，笔者并不看好这个发展方向。毕竟现在就连工业软件都在从通用型转向行业专用型。

下面介绍在人工智能的发展过程中都有哪些标志性事件。

2.3 人工智能的标志性事件

人工智能的一个标志性事件是，数学家艾伦·图灵提出了他的图灵测试理论，该理论的定义是通过测试一个计算机能否像人一样回答问题，从而衡量这个计算机是否具有了智能。

如果还不好理解的话，那就举个例子说明。拨通一个不知情者的电话，然后让计算机跟他进行交流。如果对方经过一段时间交谈之后，没能分辨出电话那头的交谈者是计算机，那么这次图灵测试就算通过。

直到今天，图灵测试仍是衡量计算机算法是否具有智能的重要标准之一。下图是图灵测试概念图。

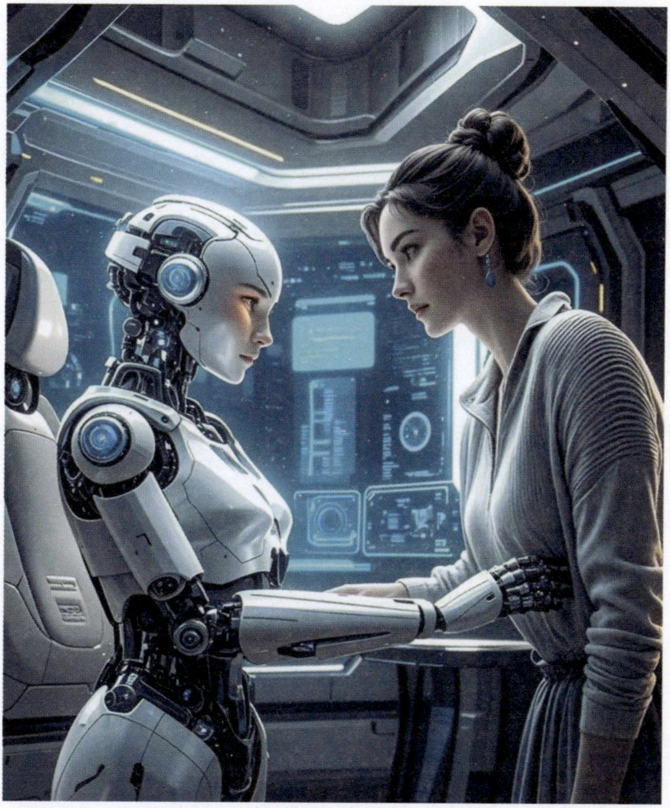

»图灵测试概念图

图灵在 20 世纪 50 年代提出图灵测试理论的时候，没有任何计算机算法能通过这项测试，但是到了今天，已经有很多系统都能通过这项测试了。这也是为什么人们说，如今我们生活在几十年前人们的科幻世界中。

人工智能的另一个标志性事件是，亚瑟·塞缪尔第一个将机器深度学习技术应用到了棋类游戏领域。这些程序能够通过与游戏玩家不断地博弈，学会更好的下棋方法。在这个过程中，程序不仅实现了自我学习，还能快速提高游戏水平。这是人工智能应用最早出现在我们生活中的标志性事件。

后来亚瑟·塞缪尔还和其他科学家一起撰写了《深度学习》一书，而这本书现在被业界视为机器学习领域的经典著作之一。

随着技术的不断深入，人们又研发出遗传算法、神经网络算法及专家系统等。它们共同构成了现在的人工智能底层技术。

其中，遗传算法模拟了达尔文进化论中的自然选择规律和生命遗传学中的一些生物进化过程，从而建立起一套数学计算模型。

而神经网络算法则模仿了人类大脑的工作原理。人类的大脑由几百亿个脑细胞组成，单个脑细胞并没有存储和计算能力。但是当这几百亿个脑细胞组合到一起的时候，就让人类的思维变得丰富多彩。

神经网络算法的原理大致也是如此，它是通过分布式存储和计算，然后在关键点进行汇合，从而产生结果。但即使如此，神经网络算法也仅仅模拟了大脑中的形象思维（直观）能力。下图是神经网络算法示意图。

»神经网络算法示意图

人工智能算法还有很多，比如线性回归算法、逻辑回归算法及决策树等，这些内容过于专业，读者若感兴趣，可以查阅相关书籍。

但即便拥有了如此多的算法，人工智能依然无法媲美人类现在所拥有的抽象思维、形象思维及灵感（顿悟）等能力。

由此可见，大自然赋予了咱们人类远超现在计算机系统的大脑，而我们每个人都应该珍惜这份大自然的礼物。

2.4 人工智能的分支

前面介绍过，人工智能因应用领域的不同，存在不同的应用大模型。下面先引用一段中国工程院邬贺铨院士说的话：

随着人工智能（AI）技术的兴起，大模型成为从信息化走向数智化的重要驱动力。虽然基于大算力支持和超大规模语言数据作为训练样本的大模型技术能够支持自动文摘、机器翻译等基础通用任务，但在医疗、金融等专业领域中，由于缺乏行业知识，无法满足定制化、精细化和行业化的需求。

由此可以证明，人工智能大模型并不是只有一种或者一类，而是会随着应用领域的不同，细分到各个专业级的大模型中。

就跟我们玩的游戏一样，会分成动作游戏、冒险游戏、角色扮演游戏等很多类，而不会有一种对所有游戏通用的底层模型。

人工智能技术正处于快速发展的阶段，相信未来的细分领域会越来越多，本书仅供读者朋友了解现状。很可能当你拿到这本书的时候，人工智能大模型又有了新的分支。

下面让我们列出目前比较典型的几个人工智能模型及其应用，让大家可以更直观地了解。

2.5　生成式人工智能

生成式人工智能，顾名思义就是它能创造出人类所需的文本、图片、声音、视频，甚至计算机程序代码等。

它的工作原理，首先是学习。从哪儿学呢？目前主流的生成式人工智能的最原始的数据就来自互联网。通过学习互联网中的海量数据、文本、图片、视频等，再利用大模型算法和规则，创造出使用者需要的内容。

举个例子。比如，向生成式人工智能描述，需要画出一幅表现女孩子在夜晚独自一人看书的图，那么生成式人工智能就会画出下面这张图。

»生成式人工智能画出的图

当然也可以根据使用者的描述，生成一段动态视频。

在生成式人工智能发展的初期，它经常被当作智能快速搜索引擎使用。以某个知名的新闻 App 为例，它当初能够在新闻界迅速崛起，就是因为较早开始使用生成式人工智能，将其作为网站内容编写工具。

该新闻 App 的人工智能系统可以全天 24 小时不间断地扫描全球各大新闻网站。一旦发现点击率超过触发点的热点新闻，就会立刻根据网上关于这条新闻的多种报道编写出自己的新闻报道。而且生成式人工智能还带有视觉识别技术，所以它能迅速识别出互联网上与该新闻有关的图片，将其自动添加到自己的新闻报道中。大家不妨猜猜做完这一切需要多长时间，最长不超过 7 秒。如此惊人的工作效率，没有任何一家新闻机构的记者能够做到。这也使得这家以热点新闻为卖点的 App，得以迅速崛起。

事实上，像 ChatGPT 这样的生成式人工智能刚推向市场的时候，人们都是将它作为更高层级的搜索引擎使用的。即使到今天，生成式人工智能最大的客户群也依然是众多希望从网络上查找资料的用户。生成式人工智能学习的对象主要是目前互联网上存储的海量数据。

为什么说它是更高层级的呢？因为生成式人工智能不仅能搜索互联网上的文字知识，而且能对文字、图片、视频等复杂要素进行分析和提取，甚至还能按照一定的逻辑，优化和组织搜索到的内容，最终形成原创性的知识输出结果。

这对希望通过搜索互联网知识，形成自身作品的用户而言，非常快速和有效。而目前绝大多数使用者，也是按照这个思路来使用类似 ChatGPT 的生成式人工智能的。

不过既然是从互联网上学习知识，那将难免因此闹出一些乌龙事件。比如，2024 年 2 月 28 日，印度泰米尔纳德邦为印度空间研究组织（Isro）位于该邦的新宇航中心发布了一则广告，该广告中意外地出现了一个带有中国国旗图案的火箭形象。据该邦负责宣传的人讲，他们是使用 ChatGPT 来生成宣传图的。

这就是典型的生成式人工智能乌龙事件。因为按照 ChatGPT 的逻辑，它会选择互联网上出现频次最高的图片，而中国是航天大国，每年发射的航天器数量都位居国际第一梯队。因此，火箭头部的中国国旗被 ChatGPT 定义为引用最多的素材。

另外，生成式人工智能学习的知识，因为来自互联网，所以存在一个问题，那就是如何保证数据和事件描述的准确性。因为对于互联网来说，并不存在一个权威性的审核机构。这就造成使用生成式人工智能查询到的资料，需要二次核实它的准确性。这也是各位读者在使用生成式人工智能查找核心数据时，务必要注意的地方。

如果仅仅是数据或图片引用错误，那么损失还不会太大。但生成式人工智能有着一定的原创能力，因此有时甚至会产生一些完全子虚乌有的结果。

2024 年 6 月 9 日，德国之声报道了一起发生在纽约的事件，一名律师在使用 ChatGPT 查找案件资料的时候，系统居然杜撰了几个从未存在过的案件。其实想要搜索的案件本身并不复杂，就是一名乘客在 2019 年乘坐哥伦比亚航空公司的飞机时，被一个掉落的金属餐盘砸伤了腿。但是这名乘客却在事情发生很久之后才向航空公司提起诉讼。航空公司以事情本身已过了法律追诉时效为由，拒绝赔偿。

美国的法律执行的是判例法逻辑。也就是，之前法院或法官对相同案件做出的判决将在很大程度上对之后同样的案件具有约束力和示范性。所以，原告律师就用 ChatGPT 在互联网上搜索以往同类案件的判例。ChatGPT 很快就给他提供了几起类似案件，而且案件资料还非常翔实。其中不仅有法官的名字、开庭法院的名称、开庭日期，甚至还包括哥伦比亚航空公司被判决的同类案件。

原告律师将这些同类案件作为自己的证据，交给了法庭。结果经法庭和被告律师核实，发现这几起判决根本没存在过，完全是 ChatGPT 杜撰出来的。原告律师也因为向法庭提供了虚假材料，而受到了法庭的处罚，如下图所示。

»因为引用人工智能生成的错误案件，律师受到了法庭的处罚

各位读者还应该注意的是，随着生成式人工智能的发展，有一个领域也随之得到了发展，这就是诈骗领域。有了生成式人工智能的加持，诈骗才变得更真实。

央视曾经报道过这样一则新闻：一家跨国公司香港分部的职员受邀参加总部首席财务官发起的“多人视频会议”，并按照会议的要求先后将 2 亿港元转到了首席财务官指定的其他银行账户中。后来这名职员察觉不对，向总部核实的时候才知道受骗。经过警方调查，这起案件所谓的视频会议中只有受害人一人是“真人”，其他“参会人员”都是经过“AI 换脸”后的诈骗人员。

除了上面介绍的AI换脸案件，类似的诈骗在美国和欧洲国家也逐渐变得普遍起来。据从事人工智能的研发者介绍，现在的生成式人工智能技术只需要录到受害人30句左右的语音，就能在几分钟内学会受害人的说话音调、语气等，然后按照诈骗者输入的内容，打电话给受害人的亲朋好友或者同事。此时，如果熟人接到电话，会感觉是真的在与受害人本人通话。

此类问题非常严重，在全球人工智能峰会上，作为专门的议题之一进行讨论。

2023年7月，国家网信办联合国家发展改革委、教育部、科技部、工业和信息化部、公安部、广电总局公布《生成式人工智能服务管理暂行办法》（以下称《办法》），自2023年8月15日起施行。

出台《办法》的目标是促进生成式人工智能的健康发展和规范应用，维护国家安全和社会公共利益，保护公民、法人和其他组织的合法权益。

现在国外的生成式人工智能技术似乎发展得比较快，但各位读者也不用担心，因为生成式人工智能的发展赛道，将来肯定会被细分到各个不同语言的国家。

这个趋势与技术无关，而与生成式人工智能所使用的语言逻辑有关。现在西方国家的生成式人工智能，是以英语为底层语言逻辑的。在解读其他非英语国家的语言时，不可避免地会产生一些缺陷。欧洲就曾抱怨，以英语语系为底层的生成式人工智能会在输出结果时，出现代词、状语等乱用的情况。因此欧洲科技界也在呼吁开发基于本国语言的大模型。

2.6 计算机视觉人工智能

计算机视觉人工智能，顾名思义，是让人工智能系统具有了分辨图像的能力。

机器视觉技术其实早就存在，比如对于生产线上的检测，机器视觉技术能够替代检验工人，24 小时检测生产线上的产品，发现产品外观或者组合中存在的瑕疵。更高一级的机器视觉技术还能让机械手从杂乱的物品中找到指定形状的东西，如下图所示。

»机械手用从杂乱的物品中找到指定形状的东西

但再高级的传统机器视觉技术，也只能由计算机分辨出物体的形状、人体的轮廓等几何信息，至于图片中所包含的其他信息，计算机则无法分辨出来。

举个简单的例子，人们查看一张人物图像，就能大致知道这张图是在说什么事情。比如，看见两人正在怒目相对的照片，大概能够知道这两人因为某些事情产生了矛盾。但是以前的计算机只能分析出照片中有两人，却无法判断这两人正处于什么样的情绪状态，如下图所示。

»以前的计算机无法知道这两人的情绪状态

有了人工智能的加持，机器视觉技术才算是初步具备了类似人类的图像识别能力。而且基于人工智能的计算机视觉技术，不会像人类一样只关注自己想要注意的部分，而忽视了图像中的其他细节，从而漏掉了一些图像中的重要信息。

典型的例子就是2024年联合国在瑞士日内瓦召开的人工智能全球峰会上专门邀请了阿里巴巴达摩院的吕乐博士，他向与会者播放了一段视频。视频中是一位中国女性吹奏着口琴。你可别误会，这不是由AI生成的视频，其中是一个真实的中国女人。

那为什么要播放她的视频呢？因为她之前想要治疗自己的感冒，而去医院拍了一张CT胸片。治好感冒之后，她就回家了。不久之后，阿里巴巴达摩院研发的癌症早筛人工智能系统对真实病例展开回顾性试验。这套系统就是基于人工智能的视觉识别系统，它的作用是通过分析患者所拍CT片上的器官图像判断患者是否有早期癌症迹象。恰好当时达摩院找了这位女士曾经就诊的医院，这家医院向达摩院一共提供了两万多份历史CT片，而这位女士的CT胸片，非常幸运地成为其中之一。

该系统识别出这位女士的胰腺形状有问题，疑似早期胰腺癌。医生通知该女士回院复查，结果得到了确认。胰腺癌属于恶性癌症，如果发展到中晚期，几乎回天无力，但是早期则相对容易治愈。这位女士很快接受了手术，最终使癌症得到治愈。

同时她也成为人类第一例用人工智能技术查出早期癌症的受益者。据世界卫生组织统计，40%的癌症在早期是可以被治愈的，但发现早期癌症则严重依赖医生的丰富经验。

像这位女士的情况，她就诊的原因是感冒，所以绝大多数医生只会观察 CT 胸片上肺部的情况，而不会关注其他不相干的器官。如果没有达摩院研发的这套系统，这位女士的病情大概率会一直拖到胰腺癌中晚期才有可能被发现。

这项名为“平扫 CT+AI”的技术，就是达摩院设计了自己的器官图像识别大模型，然后将数以万计的患者 CT 片输入进去，让系统学会如何通过器官形状的微小变异判断有哪些癌症和慢性病的征兆。

这项技术获得了联合国的高度赞誉，用峰会项目主席的话说：人工智能正在开启一个全新的数字健康时代，我们将确保所有国家和地区的人们都能公平地享受到最前沿的医疗 AI 技术，如下图所示。

»联合国峰会新闻报道

达摩院的这项“平扫 CT+AI”技术，已经在国内开始落地和试点。它能通过体检级别的 CT 片判断出包括食管癌、肠癌、胃癌等在内的八种重要癌症和五种慢性病的早期征兆。国内已经有 600 万人享受到了这项服务。

不过要强调的一点是，如此复杂的系统不仅包括人工智能的视觉识别技术，还包括人工智能的医学专家系统等。

在我们看不到的地方，计算机视觉人工智能系统更是做到了人眼难以做到的事情。比如，华为的智能城市系统可以用人工智能实时分析遍布城市的摄像头所传回的视频资料，从中及时发现异常行为。例如，在非垃圾堆放点乱放垃圾、有人意外跌倒“碰瓷”，或者几个人发生争斗等。随后及时自动通知相关部门进行处置。

在军事领域，计算机视觉人工智能的作用也非常大。以往太空中的遥感卫星若想追踪一支航母编队，都是将卫星图像传回地面，然后卫星基地人员从海量图片中寻找这支航母编队。据介绍，由于海面上常年行驶着数万艘十万吨级的大型货轮和商船，它们往往也是组队行驶的，所以从高空图片中很难快速地将航母编队分辨出来。

但是航母编队作为军事序列，它的行驶轨迹及编队间各种舰船之间的排列和阵型不同于民用船舶。为此科学家们有针对性地研发出计算机视觉人工智能系统，并将它装到了卫星上。卫星能够直接识别哪些船队具有航母编队的特征，并着重对它们进行拍摄、识别、追踪。

由此可见，即使有个别人不喜欢人工智能技术，但其实它早就已经渗透到我们生活的方方面面，甚至能够改变我们未来的生活。这也是本书的目的之一，希望通过通俗易懂的讲解，让各行各业的读者都能大致了解现代科技的发展，也能大致明白我们正在推动的新质生产力到底会给我们的生活和工作带来哪些变化。

2.7 人工智能专家系统

人工智能专家系统也是人工智能的分支之一，它的主要作用是能够吸收某个领域内专家级的知识与经验，然后应用大模型算法使自己具备这个领域的知识。而且它还能够根据所学的知识与经验模拟人类专家的决策思维和推理逻辑，对人们需要解决的复杂问题进行判断和处理。

下面举个例子，帮助大家理解人工智能专家系统是如何进行工作的。

人类想要移民火星，但是人类想要在火星生活，哪怕只是几个先行的科学家在那里做研究，首先需要解决的就是氧气问题。火星上是有氧气的，就是太稀少了，只有 0.15%。而人类能够在地球上生活和工作的正常氧气需求量是 21%。如何在火星上制造出足够多的氧气，这个难题摆在了航天专家的面前。

上过初中的人都知道，地球上有一种制氧方法叫电解法，就是通过电解水，获得氧气和氢气。那么在火星上可以通过太阳能板，获得电解法所需的电能。但是如果进行大规模工业化制氧，则需要往水中加入催化剂，否则制氧效率太低，能耗太大。如果从地球上把这种催化剂带到火星上，那么耗费的资源将是巨大的，同时存在一旦催化剂用完，就无法再高效制取氧气的情况。

因此，最佳方法是利用火星上现存的元素，就地制取催化剂。

人们通过对火星上已知的各种元素进行研究，发现可以组合出 376 万种配方。到底哪一种配方才是最佳选择呢？传统方法只有一个，那就是暴力破解，一个个地做试验。不过，按照试验耗时计算，做完这 376 万个试验，大约需要一个团队用 2000 年的时间。这是不可接受的。

此时，中国科学技术大学（以下简称中科大）用人工智能中的专家系统技术，创造出了一个机器化学家“小来”，如下图所示。它不仅装有人工智能专家系统，还配上了机械手。

»机器化学家“小来”

中科大的科研团队先让“小来”学习 5 万多篇高质量的化学论文，使得它迅速掌握各种化学知识，成为这个领域的“专家”。然后“小来”的专家系统根据所掌握的知识，建立起化学配比和分析的模型，从 376 万种组合中锁定了 243 种最佳配方的可能。

接着它用自己的机械手，完成了这 243 种配方的试验。结果只用了六周的时间，就找到了最佳的催化剂配方。

那么“小来”研发的这个配方有多厉害呢？经过测试，只需要 15 小时，使用这个配方就能在火星上制备出 300 立方米适合人类生存的氧气。

这是个什么概念呢？一个标准的 20 英尺（约 6.06 米）海运集装箱，内部的容积是 33 立方米。也就是说，在 15 小时内，“小来”研发的电解氧气催化剂能让人类制造出可以在十个集装箱大小的空间内生存所需的氧气量。

通过“小来”的案例就能明白，未来改变我们生活的就是这些人工智能专家系统，其中一些甚至与我们的健康息息相关。比如，制药领域有一个双十定律，意思是每一种新药的研发至少需要十亿美元的投入及研发团队十年的努力工作。这也是为什么新药很难研制出来，即使研制出来，价格也极为高昂。正是由于药品行业有着这样的高门槛，因此制药领域的制高点才一直掌握在发达国家手中。

就在 2023 年，针对一种被联合国卫生组织列为重要威胁的超级细菌，在人工智能医药专家系统的帮助下，找到了克制的方法。这种超级细菌叫鲍曼不动杆菌，是医院感染中的常见细菌，对住院病人和前往医院就诊的病人危害很大。而且它还具有多重耐药性，一般的抗生素的效果不明显。所以，世界卫生组织在“优先病原体”的表单中将它归为“重大”威胁。

同样，科学家将以往的抗生素药品数据输入人工智能医药专家系统，训练它掌握什么药物会起到什么作用。然后由这个人工智能医药专家系统组合筛选 6680 种待选的化合物，分析新化合物的杀菌能力。人工智能医药专家系统仅用了 1.5 小时，就给出了 240 种可能的选择。

在以往的药品研发过程中，想要将选择范围缩小到这个程度，至少需要两到三年的时间。这完全颠覆了传统的医药研发模式。更重要的是，随着人工智能医药专家系统的完善，拥有全球排名靠前算力的我国，也将拓展出自己的医药研发道路。这将给中国人的健康带来更好的保障。

2.8　人工智能智能决策

人工智能智能决策是指利用人工智能通过对相关场景的学习形成数据建模，然后针对既定的任务目标，进行分析、预测和决策。

它与人工智能专家系统有点儿类似，只不过它的应用场景更广泛，需要解决的问题也相对复杂。比如，在它的分析和决策过程中，会附加约束条件、事件的不确定性等因素，甚至还会考虑对象的偏好等偏感性因素。

比如，在商业领域，人工智能智能决策系统可以实现精准的智能销售。通过分析用户的购物习惯及购买历史，人工智能智能决策系统就能大致预测用户对哪些商品会有需求，商品需要具有哪些特征才能加强用户的购买意向。

在拥有了用户历史购买记录的大数据之后，这种智能营销，甚至可以针对每个用户单独产生一对一的推销策略。

再比如，在智能驾驶中，人工智能智能决策系统也发挥着关键作用。例如，当发现正前方的车辆突然刹车时，智能驾驶系统要根据当时的路况做出正确的判断。它需要根据车载摄像头和雷达传回的信息，及时计算出是否能在安全距离实现刹车。如果计算出刹车距离不够，需要做出变道闪避，还需要观察左右车道是否有其他车辆等。

需要说明的是，随着人工智能与产品的结合越来越深入，很多时候都需要复合使用多种技术。

还是用智能驾驶举例，它是一个复杂的系统，需要视觉识别（观察周围路况）、专家系统（判断道路周边标志所代表的含义）及智能决策（遇到临时情况该做出如何处理）等。下图是智能驾驶系统分辨路况及信号灯。

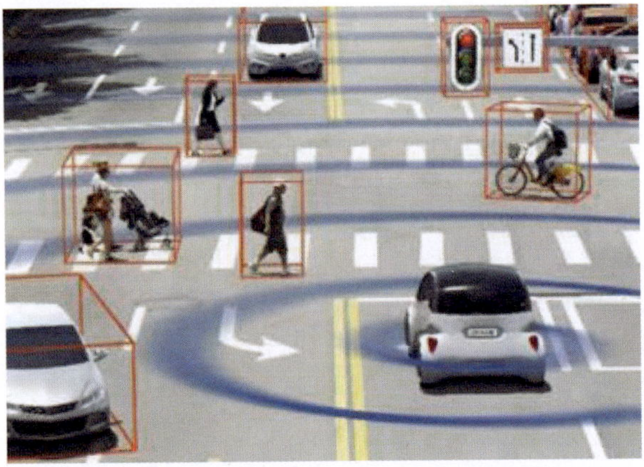

»智能驾驶系统分辨路况及信号灯

2.9　人工智能未来的发展趋势

人工智能属于方兴未艾的行业，各行各业的科学家都不仅在探讨如何将人工智能应用在自己的行业中，也在探讨人工智能未来的发展趋势。虽然业界有很多不同的看法，但有一个观点获得了较多的共识，那就是让人工智能更贴近人类的观察和思维方式。

有人看到这里可能会觉得奇怪，人工智能不就是在模拟人脑吗？那你可就小瞧了人脑。其实现在的人工智能仍属于机器深度学习，距离模拟人脑还有相当大的距离。

举个例子。2024 年 5 月 30 日，央媒报道了清华大学精密仪器系类脑计算研究团队研制出的全球首款类脑互补视觉芯片“天眸芯”。这个“天眸芯”能让电子设备观察外部世界的时候，不再像以往那样用机器的语言来处理，而是模仿人眼的视觉系统。这有什么不同呢？这就要说到咱们人体的神奇之处了。

人类身体进化到今天形成了一套极为强悍的系统。传统的机器识别系统是将运动物体按照一帧一帧的静止画面来处理的，这样需要传递和处理的信息量非常巨大，而且对无用信息也没有过滤的能力。

人眼视觉就不同了，它和大脑结合，会形成一种视觉原语。所有外界物体在人脑中形成的都是连续不断的视频，其中的无用信息会被人眼自动过滤掉。比如，你在开车的时候，道路两旁的树木及正常行走的行人是不会引起大脑注意的。但如果有人突然向车辆靠近，那么人们就会将注意力迅速转移过去。同时，大脑也会马上进行处理。这使得人类在处理外界环境信息时非常迅速且高效。但机器视觉识别却做不到这点，它必须把所有信息都送入处理器，才能从中解析出哪些是有用的，哪些是无用的。下图是人类视觉原语示意图。

»人类视觉原语示意图

也正是因为大量信息需要被传递到处理器，所以以往的智能驾驶系统在遇到突发事件时，视觉感知芯片有可能会因为突然增加的信息而受到所谓“功耗墙”和“带宽墙”的限制，造成信息失真和延迟。

但“天眸芯”却能模仿人眼视觉，在只需极低的带宽和很小的功耗的情况下，就能将有用的高精度、高动态信息以每秒

10 000 帧的高速度采集并传输。这是传统视觉芯片、机器视觉识别根本无法做到的。

有了“天眸芯”的帮助，我们未来在智能驾驶、智能制造、卫星观测等诸多领域，都可以获得极大的助力。

在本书交付印刷之际，中国的 DeepSeek 生成式人工智能大模型正式发布，震惊了全世界。DeepSeek 的出现，不仅推翻了国外长期宣传的“算力等于人工智能水平”的观点，还突破了美国通过英伟达芯片对其他国家发展人工智能的限制，证明了人工智能同样可以实现既高效又低成本的算法。

DeepSeek 的核心原理在于其先进的蒸馏算法（人工智能压缩技术），能够高效地提炼知识并灌输给不同的人工智能模型进行学习。这种技术显著降低了算力需求，同时保持了优异的学习效果。简单对比一下，大家就能知道 DeepSeek 有多厉害。在国际业界的测试中，学习同样一个知识（比如某种语言），美国的 OpenAI 需要花费约 1 亿美元的算力，而 DeepSeek 只需 550 万美元的算力。

更重要的是，DeepSeek 的出现极大地降低了人工智能的使用门槛，使普通用户能够以极低的成本享受人工智能带来的便利。这将开启人工智能在生活中的广泛应用之门，推动人工智能在多个领域落地生根。

总的来说，人工智能将在我们的生活和工作中扮演越来越重要的角色，我们必须学会更好地利用它，以充分发挥其潜力。

3

第三章

锂电池

电动汽车的发展离不开锂电池，但锂电池的应用范围却不仅限于电动汽车。这也是为什么我要在单独的一章里为大家介绍锂电池。

锂元素于 1817 年被发现，但在发现之初，没有人想到锂能用作储能材料。据说当时它最大的用途是作为一种抗中风药的配料。

直到美国开启了阿波罗登月计划，急需一种能量密度高、充放电速度快，并且释放电压也高于当时电池的新型电池，锂才进入科学家的视野。下图是锂原子示意图。

»锂原子示意图

由此可见，我们为什么要大力发展航天工业，这是因为航天工业往往面临着极端的工作环境。而这些航天等高科技领域的产品需求必然会推动相关工业领域的大发展。

锂电池初期进入储能领域时，由于它的提炼成本较高，且提炼效率较低，所以只有一些高端领域，如航空、航天、军工等，才能用得起。让锂电池最终走入平常百姓家的，是电动汽车的大发展。

锂电池与电动汽车是我们新质生产力中发展较快的两个领域。这两个领域之间，形成了互相促进、互相拉动的良好效应。

有了锂电池组，人们才拥有了质量较轻、能量密度较高、充放电较快的电池材料。这不仅让纯电动汽车具有了更长的续航里程、更快的充电效率，也使得纯电驱动成为可能。而且，锂电池比铅酸电池更环保，这也符合现在的工业发展趋势。

正是因为我国在锂电池领域先取得了出色的成绩，才在2023年超越日本，成为世界第一汽车大国。

不过我们在锂电池的发展道路上，并不是一帆风顺的，甚至用跌宕起伏来形容也毫不夸张。未来如果将锂电池的故事拍成电影，想必会很精彩。

下面让我们进入锂电池的第一个故事——锂电池的专利之战。

3.1　锂电池的专利之战

电动汽车最开始使用的锂电池以磷酸铁锂作为电池的正极材料，磷酸铁锂的化学式是 $LiFePO_4$，所以这种锂电池又被称为磷酸铁锂电池。

1995 年，美国得州大学的古迪纳夫教授，发明了磷酸铁锂技术，后来他获得诺贝尔奖，也与这项发明有关。下图是锂电池发明者古迪纳夫教授。

»锂电池发明者古迪纳夫教授

在古迪纳夫教授研究期间，恰好有一名叫冈田重人的日本访问学者来到实验室。他当时受雇于日本 NTT 公司。在访问学习期间，冈田重人是否悄悄将磷酸铁锂技术传回了日本，我们不好妄下结论。但事实是，随着冈田重人回到日本，NTT 公司在日本抢先注册了锂电池的专利。不知道是不是NTT 公司不想把事情搞大，它只敢注册自己国内的专利。得州大学在发现这件事之后，赶紧在美国注册了磷酸铁锂电池专利。

之后得州大学曾与NTT公司对簿公堂。但是专利是有地区限制的。得州大学在美国拥有专利，却不能约束日本。而且国际专利法实行的是在先原则，也就是谁先提出申请就对谁更有利。NTT公司坚持说他们的磷酸铁锂技术是冈田重人回国之后自主研发的，不承认存在剽窃行为。

最后得州大学只能与NTT公司达成和解，宣布NTT公司并未窃取他们的技术，但NTT公司需要支付3000万美元作为和解金。就这样，NTT公司只用了区区3000万美元，就彻底拿到了磷酸铁锂电池在日本国内的专利。这恐怕是NTT公司做得最划算的一笔生意了。

有了这次教训，得州大学觉得自己只有一帮搞学问的教授，要论斗心眼肯定斗不过资本家，后来索性将手里的磷酸铁锂电池专利授权给了加拿大的魁北克水电和德国的化工巨头南方化学。魁北克水电拿到授权之后开始在全球各地疯狂抢注专利。

2008年，魁北克水电在中国国家知识产权局成功注册了锂电池专利。只不过非常怪异的是，专利的名字跟锂电池八竿子打不着，而是叫作控制尺寸的涂敷碳的氧化还原材料合成方法。很难说魁北克水电在申请专利的时候，是不是在有意挖坑。

果然，后来专业人士在查看这个专利之后得出的结论是：这个专利恶意地扩大了保护范围，几乎涵盖了磷酸铁锂电池的所有制造技术。所谓恶意扩大保护范围，可以打个比方，就是有个人只发明了一种瓶子，但却想拥有所有容器的专利。

魁北克水电抢注磷酸铁锂电池专利之后，给中国企业开出的专利使用条件是：生产锂电池的企业，要么一次性缴纳 1000 万美元作为专利入门费，获得生产锂电池的授权；要么每生产 1 吨磷酸铁锂电池，缴纳 2500 美元的授权费。

如果让这种情况持续下去，中国的新能源汽车就会陷入传统汽车的窘境，大量利润被外资以专利的名义收走。因为在新能源汽车的成本构成中，电池部分的占比大约是整车的 40%。失去电池的成本控制权就等于失去了电动汽车的成本定价权。

在专利领域，各国对于恶意扩大专利保护范围的行为都不予支持。魁北克水电的这种恶意扩大专利保护范围的行为，在不少地方也碰了壁。在美国，它输掉了专利官司。在欧洲，更是彻底被撕破了脸。2008 年，欧洲专利局撤销了得州大学在欧洲的专利，这一举措让魁北克水电颗粒无收。

2010 年，中国国家专利复审委员会宣布魁北克水电的 111 项专利无效，并在之后与其对簿公堂。魁北克水电也很清楚自己的这种恶意扩大专利保护范围的行为很难取得诉讼胜利。所以在上诉期间，它自作聪明地修改了专利认定范围。比如把“化合物”改成“碳导体”，并称这是之前的笔误。但根据中国专利法的规定，专利文件是不能修改的，魁北克水电就此输掉了官司。

这场官司的胜利标志着中国在锂电池领域没有陷入专利陷阱。当然，摆脱了这一桎梏之后，中国的锂电池产业能否发展起来，还是要靠自身的技术突破。毕竟，打铁还需自身硬。

3.2　波澜壮阔的发展之路

当我们开始进入锂电池领域时，技术路线出现了分化，主要的技术路线之争是磷酸铁锂电池和三元锂电池。

三元锂电池又称三元聚合物锂电池，是指用镍钴锰酸锂（$Li(NiCoMn)O_2$）或者镍钴铝酸锂来做电池的正极材料。因为这种电池的复合正极材料是以镍盐、钴盐、锰盐为原料的，故被称为三元锂电池，其中的镍钴锰比例需要根据实际产品的性能需求做出不同的调整。这种电池技术的代表企业，就是大名鼎鼎的特斯拉。下图是三元锂电池模组。

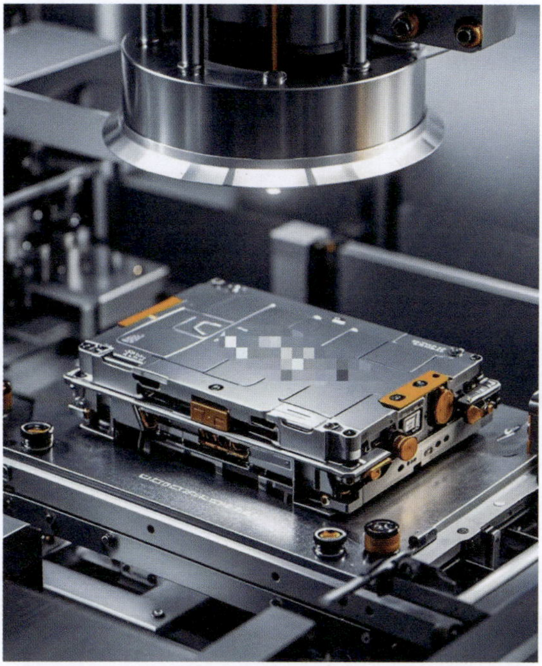

»三元锂电池模组

三元锂电池的特点是能量密度大、续航时间长，所以特斯拉在刚开始推出这种电池时，其就以续航能力强而出名。不过缺点是成本较高，最要命的是安全性能较差。

而磷酸铁锂电池的特点是工艺成熟、原材料成本低、寿命也更长。不过相对比的缺点是能量密度小、续航能力差。

我国国内基本上以磷酸铁锂电池为主。所以在几年前，大家对国产电动汽车的一大印象就是续航里程短。这主要是受当时的行业现状限制，因为国产电动汽车在起步阶段，技术储备较弱，难以卖出更高的价格。

另外，由于多年以来形成的观念，认为国外汽车是前沿技术的代表。这也造成中国的汽车行业不太自信、不敢突破。更何况中国的新能源汽车在启动之初，大多数消费者并不看好，很多汽车厂商自然也缺乏热情做研发。

那么如何才能让我们的企业有热情进入锂电池这个行业呢？这时候就考验国家的调控能力了。

很多朋友可能都听过这句成语，叫千金买马骨，典故出自《战国策·燕策一》。燕昭王想买千里马，但三年都没买到。有一个侍臣自告奋勇地寻找千里马，结果是花了500两黄金，买回一匹已经死去的千里马的骨头。燕昭王开始很生气，但侍臣向他解释道，通过这样的举动，就能向天下人显示国君对千里马的重视，这样就能吸引更多的人来卖千里马。果然，不到一年的时间，就有好几匹千里马被送到了燕昭王手中。

别看这是两千多年前的古人智慧，其放在今天的新质生产力领域依然有效，这就是中华五千年文明的魅力。

为了能在新能源汽车这条赛道上实现“超车”，中国政府有关部门出台了一系列产业政策，大致可总结为破冰、扶强、争先三个阶段。破冰就是让汽车从业者不要在门外观望了，而是以身入局，先跑起来再说。

具体措施是，从 2009 年 1 月开始，启动了“十城千辆”等产业项目。科技部公布行业补贴标准：混动汽车每辆补贴 5 万元；纯电动汽车每辆补贴 6 万元；10 米以上的混动和纯电公交大巴，最高可享受 50 万元的补贴。对这个产业的扶持力度之大，在国内产业政策中虽不敢说后无来者，但至少是前无古人。

中国有句俗话：重赏之下必有勇夫。国家通过如此大力的产业政策，向行业内的企业表达了必须发展电动汽车的决心，顿时大批汽车厂商蜂拥而上。

想要搞电动汽车，谁都绕不开电池组这个问题。如果购买国外的锂电池组，首先遇到的问题就是价格太贵。面对国外锂电池组高昂的价格，国家给出的行业扶持资金根本无法弥补价格差。因此，想搞电动汽车，就必须先搞定锂电池。为此，一大批优秀的企业，开始在锂电池领域崭露头角。

当然，当时这个政策也曾引起过争议，因为出现了一些滥竽充数和浑水摸鱼的企业。更让人担忧的是，当时在磷酸铁锂电池领域，我国的技术不如美国和韩国，外资，特别是韩资，纷纷进入国内，抢夺这块大蛋糕。

锂电池在整车成本中，是占比最高的部件之一。如果锂电池领域被外资控制，不仅大笔的财政补贴会被别人拿走，更重要的是，如果拿不下锂电池的技术高地，中国电动汽车的发展也将仰人鼻息。

曾有人悲观地预言，如果搞不定锂电池这个新能源汽车中技术密度最高、成本最高的核心零部件，那么中国的汽车行业想要弯道超车，就是白日梦。

不过人们很快发现，在行业被政策扶持、催动起来之后，我们的管理层就开始做微调了。先是2015年，工业和信息化部规定了扶持门槛，产量不达标的企业不予补贴。这类似于制造业中的“提纯工艺”，一下子就让那些只想蹭热点，捞一笔就走的散兵游勇被驱逐出去。接着又给出了一份白名单，规定只有使用了白名单中企业生产的锂电池，才能得到补贴。此时正逢韩国跟随美国部署“萨德”反导系统，白名单中自然不能包含对咱们不友好的国家的企业。原本有优势的韩企，被挡在了白名单之外。下图是部分锂电池企业白名单。

符合《锂离子电池行业规范条件》企业名单(第八批)			
序号	省份	企业名称	产品类型
1	江苏	星恒电源股份有限公司	小动力型单体电池（含电动自行车） 小动力型电池组（含电动自行车）
2	江苏	蜂巢能源科技股份有限公司	大动力型单体电池
3	江苏	江苏时代新能源科技有限公司	大动力型单体电池
4	江苏	江苏正力新能电池技术股份有限公司	大动力型单体电池 储能型单体电池
5	浙江	浙江锂威能源科技有限公司	消费型单体电池
6	浙江	浙江欣旺达电子有限公司	消费型电池组 小动力型电池组（含电动自行车）
7	安徽	星恒电源(滁州)有限公司	小动力型单体电池（含电动自行车） 小动力型电池组（含电动自行车）
8	福建	宁德时代新能源科技股份有限公司	大动力型单体电池
9	福建	福鼎时代新能源科技有限公司	大动力型单体电池

»部分锂电池企业白名单

这个白名单几乎每年更新一次，门槛也变得越来越高。这就迫使行业集中度快速提升，在极短的时间内，中国就形成了具有规模的竞争力。

到了 2018 年，我们的锂电池行业已经可以参与全球竞争了。此时白名单制度宣告停止。也就是不到四年的时间里，比亚迪、宁德时代等本土企业纷纷成长起来，具有了与任何国外企业“掰手腕”的能力。

比如，比亚迪的刀片电池的能量密度提升了 50%、成本下降了 30%。其不仅在性能上能和普通的三元锂电池媲美，成本优势也非常明显，而且它的安全性极高，寿命也能达到 8 年或 120 万千米以上。对特斯拉主导的三元锂电池形成了竞争压力。

那么锂电池的发展趋势又有哪些呢？

3.3 磷酸铁锂电池和三元锂电池

特斯拉选择三元锂电池，最看重的就是这款电池的长续航能力。但是从 2020 年开始，特斯拉也在与比亚迪商讨，在部分车型上换装比亚迪的刀片电池。也许等各位读者看到本书的时候，双方已经开始了正式的合作。

那么特斯拉为什么要把电动汽车中成本占比最高的动力电池部分交给自己潜在的竞争对手呢？这就涉及工业领域的一个重要因素，就是原材料的供应是否安全。比如，美国之前宣布到 2030 年电动汽车的比例将达到 50%。那么作为美国行业龙头企业的特斯拉，如果想要充分吃到这块大蛋糕，就需要首先保证原材料的供应充足且稳定。

三元锂电池的正极材料使用的是镍钴锰酸锂或镍钴铝酸锂，所以这里的三元指的是镍和钴，再加上锰或者铝。钴和镍属于稀有元素，尤其是钴，全球 50% 的储量位于非洲的刚果（金）。这个地方不仅安全局势堪忧，而且基础设施很差。这给钴的开采和运输都带来了不小的难度。

这也是当初我们选择磷酸铁锂电池这条技术路线的原因之一。我们作为最大的工业制造国，以前因为原材料受制于供应国，曾吃过很多苦头。

在这里也向大家说明一下，在工业领域，有时候选择哪条技术路线，技术因素只是其中之一。原材料成本是否稳定、供应渠道是否安全等因素，往往也会起到很重要的作用。

在锂电池领域，中国从 2012 年就开始早早布局，比如收购了拥有 28% 锂资源的澳大利亚泰利森公司及刚果（金）的铜钴矿等。

当然，解决上游原材料供应问题，也需要工业技术的提升。比如，在关键镍矿领域，力勤矿业和青山控股就实现了技术突破。将印尼原本只能用来生产不锈钢的红土镍提炼成能做动力电池的硫化镍。这不仅给当地带来了资源上的升级，也让我们成为别人无法替代的原材料冶炼合作方。

正是掌握了这些比较完善的上游原材料资源，以及开采技术，才让我们能放心地在磷酸铁锂电池上进行更多的研发。

面对电动汽车的迅猛发展，有人可能会关心，淘汰下来的动力电池会不会造成污染，锂电池回收产业现在是什么样的？除了锂电池，还有哪些种类的电池能够成为动力电池的主流？

3.4 锂电池造多了如何回收

很多人觉得电池污染严重，其实这个概念来源于传统的铅酸电池。

传统的铅酸电池，在生产、制造、使用和回收过程中，都会产生废气和废水。一旦回收环节的环保措施做不到位，其就会对土壤和地下水造成污染。所以在一般人的概念中，电池属于高污染产品。

但是锂电池所使用的电解液大部分是无毒或低毒的，因此锂电池是一种对环境比较友好的产品。更重要的是，锂电池的回收是一桩有利可图的生意。因为像锂这样的稀缺资源，常常需要从回收材料中获得。类似的还有锗和镓等，业界已经实现 60% 以上来自回收材料。

现在锂电池的原料回收率已超过 40%，因此大家不用担心锂电池会被随便遗弃，这些可都是财富。以中国为例，现在从事锂电池回收的企业已经超过两万家。业内流传着一个笑话，就是影响这个行业业务量的最大原因是需要回收的锂电池不够。

为什么会这样呢？因为电动汽车的动力电池报废之后，并不是直接进入回收厂的，而是中间会经过数级回收制度。对于一般电动汽车的电池，当充电率低于 70% 的时候，就会被判定为不能使用了。这些拆卸下来的锂电池会进入二级使用市场。比如，冬季奥林匹克运动会的五棵松会场就建设了一座由淘汰的车用锂电池建成的储能站。白天用太阳能向锂电池组充电，到了夜间，再用储能站存储的电能为场馆提供能源。这使得我们的冬季奥林匹克运动会成为绿色环保的赛事。

还有很多类似的对充电率要求不高的场所，都愿意采购淘汰下来的车用锂电池。比如，公园的电动游览车等。这些车用锂电池不仅能够满足日常需求，而且购置成本很低。

也正是因为车用锂电池在淘汰之后会被层层分级使用，所以回收企业的锂电池来源才会显得相对紧张。以宁德时代为例，他们在过去一共回收了 10 万吨的锂电池，使得锂的回收率达到了 91%，镍、钴、锰的回收率达到了 99.6%。

在锂电池行业的回收规模方面，中国位居世界第一。2024 年，我国成立了第 98 家央企——中国资源循环集团有限公司，其目标就是推动我国的循环再利用产业进入 2.0 时代。锂电池只是其中的一个分支。

据介绍，经过循环再利用 2.0 时代的提升，仅在锂电池领域，到 2042 年就有可能实现不再需要开采新的锂矿。

因此，大家完全不用担心电动汽车的大发展会带来电池污染的快速增加。

3.5 电池未来向哪里走

现在锂电池在行业内已占据不可动摇的主导地位，但是业界的科学家们却从未停止寻找替代品的努力。

首先因为锂资源在全球的储量分布严重不均，一旦其长期成为新能源的主要载体，那么就很有可能会像石油一样，成为影响地缘政治的核心因素。比如，坐拥全球过半的已探明锂储量的智利、阿根廷、玻利维亚三国，从 2022 年开始，就希望效仿石油输出国组织欧佩克，建立一个锂资源的“欧佩克”，从而控制全球锂资源的价格。

几十年来，一个石油欧佩克就给各个制造业国家带来了无数的麻烦，如果锂资源再成为另一个制约上游供应的因素，这将是绝大多数制造业国家所不愿看到的。

可以预言的是，锂电池的主导地位很难长期维持下去。目前最有可能替代锂电池，而且研发进度也最快的产品之一，就是钠电池。

3.6 钠电池

钠元素和锂元素不同，它是地球上丰度排在第六的元素，而且其储量分布也很均匀。比如，大海之中就含有丰富的钠元素。而且，1807 年人类就发现了钠，它的提取方法早已相当成熟。

与锂电池相比，钠电池的第一个优点是安全性高，钠电池热失控的风险，也就是自燃的风险，要远远低于锂电池。

研究人员还发现，钠的热稳定性能比锂要好。低温环境下的放电保持率，钠也比锂要高很多。这就能解决很多低温地区的人对新能源汽车的担忧。

钠电池的循环充放电次数能达到3000～4000次，换算成电动汽车的使用寿命，则可以达到十年以上。而且，当钠电池在极端情况下时，即使将电量完全放光，也不会出现电池的“饿死”现象，不会无法再充电。

这一点无论是锂电池还是铅酸电池都做不到，这是因为在长时间放置或者强行放电的过程中，会导致锂电池和铅酸电池中的电解液发生过度的化学反应，从而破坏电池的内部环境，造成不可逆的物理化学变化。虽然可以通过大电流的充电对电池进行刺激和重新活化，从而唤起部分容量，但这么做解决不了根本性问题。

不过钠电池也有缺点。一是能量密度相对较低，现在研发出的钠电池的能量密度只有150W·h/kg，低于磷酸铁锂电池的160W·h/kg，更低于三元锂电池的250W·h/kg。这使得钠电池如果要保持同样的电量，则电池的重量会增加，会影响电池的使用场景。二是由于钠电池尚未建立起完善的上下游产业，所以即使钠材料的单价要低于锂材料，但是在制成电池之后，成本却反而比锂电池要高。下图是钠电池。

»钠电池

不过这些问题都属于新产品研发过程中经常会遇到的，也是行业科学家们需要解决的问题。

到了钠电池领域，中国已经遥遥领先。根据日本三井物产战略研究所的报告，截至 2022 年 12 月，全球在钠电池领域的有效专利数为 9862 项，中国独家的就占了 5486 项，比全球所有其他国家的加起来还多。紧随其后的是日本，有效专利数为 1192 项。美国排名第三，有效专利数为 719 项，韩国的为 595 项，法国的为 128 项。全球十大钠电池研究机构中，中国独占了七家，包括中国科学院、宁德时代等知名机构和企业。

用衡量专利质量的综合评分法来给以上专利进行打分的话，中国得到 4930 分，仍是第一。美国 2630 分位居第二，日本 2260 分位居第三。这也说明美国的专利质量要高于日本。

由此可以看出，中国在几乎所有新质生产力领域都处于先进或领先的地位。

3.7 固态电池

很多人都听过固态电池这种产品。所谓固态电池，就是它的电解质和电极都是固态的，而不像传统锂电池那样是液态的。那么它跟传统的液态锂电池相比，到底有什么优势？什么时候能够应用固态电池呢？下图是固态电池。

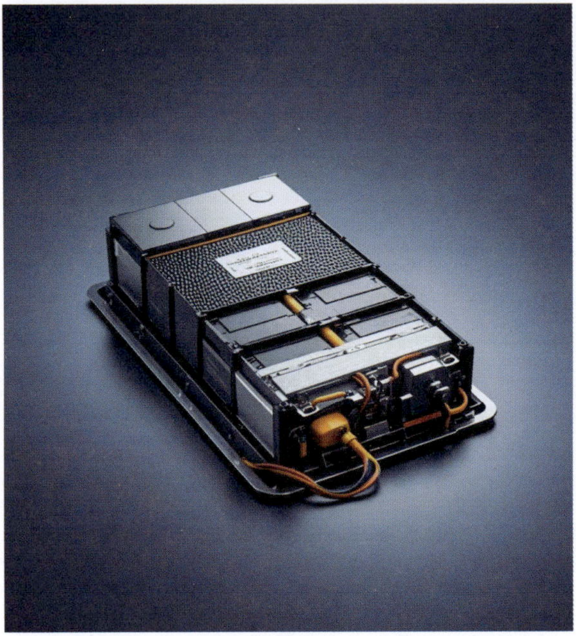

»固态电池

固态电池最大的优点是安全，因为没有电解液，所以理论上就不存在燃烧、漏液和腐蚀等情况。这使得电池的安全性及使用寿命都远比传统锂电池要高。其中特别要说明的是，固态锂电池不会出现传统锂电池让人头疼的锂枝晶问题。

锂枝晶是指锂电池在进行充放电的时候，电解液中的锂元素会被还原成金属锂。它的形状就像带有尖刺的结晶树枝，故被称为锂枝晶。随着充放电次数的增加，锂枝晶也会在电池内部生长。一旦其长到能刺破正负极隔膜的时候，就会引起短路、起火，甚至爆炸。下图是显微镜下的锂枝晶。

»显微镜下的锂枝晶

固态锂电池则不会产生锂枝晶，这也使得电池更安全，使用寿命也更长。固态锂电池另一个显著优点是能量密度高、续航里程长。

2024 年 8 月 28 日，中创新航在成都的车企行业会上宣布已开发出可量产的固态电池“无界”。其中让人眼前一亮的是，中创新航的“无界”电池的能量密度能达到430W•h/kg。前面介绍过，目前商业化的锂电池的能量密度大约为 160W • h/kg，因此可以说“无界”的能量密度提升到 2.7 倍。

那么具备了以上的显著优点，固态电池是不是将完全替代液态电池呢？这需要看两条技术路线的发展情况。

首先对安全性进行比较。随着液态电池的进步，电动汽车的自燃现象已经在快速减少。中国科学院院士欧阳明高就在某次会议上引用了国家消防救援局的数据，数据显示 2023 年一季度有 18 360 辆燃油车自燃，自燃率约为万分之 0.58。同期有 640 辆新能源汽车自燃，自燃率约为万分之 0.44。虽然液态电池依然不如固态电池安全，但是差距已经不是那么巨大了。

从使用寿命角度来讲，比亚迪的刀片电池的使用寿命能达到 13 年以上，而固态电池的使用寿命约是 15 年。下图是比亚迪的刀片电池。

»比亚迪的刀片电池

虽然比亚迪的刀片电池的使用寿命短一些，但是中国消费者的换车周期在 5 ～ 7 年，所以从个人使用角度来说，这两种电池的使用寿命均不影响消费者的使用。

在快速充电应用上，由于电子在固态电解质中移动相对较慢，所以在快速充电能力方面，固态电池要弱于液态电池。

另外，之前制约固态电池产业化的一个主要难点是，固态电池的生产成本太高。如今我们的两家企业鹏辉能源和中创新航都宣布推出量产化固态电池，虽然没有公布具体的价格，但都宣称大幅降低了成本，而且最快将在2025年实现商用装车。也许在大家看到本书时，市面上已经出现了固态电池电动汽车。

电池的发展历程，大致向大家介绍完毕，后面我们将进入电动汽车的领域。

第四章

电动汽车与智能驾驶

汽车制造业是所有制造业中最大的。这个最大指的是它影响的上下游企业最多、行业就业人数最多，在国家 GDP 占比中位居制造业之首。

凡是工业大国和强国一定会抢占汽车制造的高点，比如美国、德国、日本、韩国等，无一例外。所以在工业领域有一句话，叫得汽车制造者得制造业。

众所周知，我们很早就成为汽车制造的大国，但一直不是汽车制造的强国。原因倒不是咱们汽车人不努力，而是国外的传统燃油车行业发展得太早了，行业内已经形成了厚厚的专利墙。意思就是几乎所有的技术路线，都被别人注册了。

汽车作为民用品，受到专利权的约束，很难绕开这些专利墙。一是传统的燃油车技术难以实现革命性的突破，二是即使有所突破，但汽车作为民用品，涉及一个重要的市场因素，那就是品牌。别人用近百年时间打造出了坚实的品牌印象，国产品牌很难在短时间内让消费者有所转变。

在传统燃油车领域，我们一直处于追随的状态，主要技术、利润和市场都掌握在别人手中。而行业的转变契机来自新能源的流行。人类开始越来越注重自己的生存环境，希望为自己和后代创造一个山清水秀的世界。作为碳排放重头之一的燃油车，自然也成为受减排重视的行业。这个契机给我国蓄势多年的汽车行业带来了一个巨大的转折点。

2024 年仅上半年，中国本土品牌汽车的出口量就增长 31%，达到 279 万辆，超过日本的 78 万多辆，而且差距还在继续拉大。

这既是我国的工业人经过多年卧薪尝胆，在能源和智能驾驶领域厚积薄发的结果，同时也说明，汽车行业进入了一个大洗牌的时代。我国的汽车人可以借助这次行业大洗牌，让中国从汽车大国一跃成为汽车强国。

前面说过，汽车制造业是所有制造业中就业人数最多、关联上下游企业最多的行业。抓住这次大洗牌的机会，我们将获得更多相关职位，我们的年轻人在未来的就业中也会受益。

还有一个隐含的理由就是，几乎所有制造业大国，包括中国、欧洲一些国家、日韩等，都在化石能源上依赖进口。这会影响到国家的能源安全。如何减少能源的对外依赖，成为各制造业大国需要思考的问题。

以中国为例，进入新世纪之后，石油消耗量大增。2019 年国内原油表观消费量 6.96 亿吨，对外依存度也从 54% 增长到 72.6%。这对一个制造业大国而言，是需要警惕的。而根据 2017 年的统计，道路交通的石油消费量约占到总量的 48%。下图是城市街头繁忙的车流。

»城市街头繁忙的车流

为了保证能源安全，同时也为了改变传统汽车领域的窘境，中国开始大力发展新能源汽车。

有人可能会说，美国并不依赖进口化石能源。随着美国的页岩气开发，它对国外的能源依赖确实在降低，甚至还成为化石能源出口国。下图是美国页岩气开采设施。

»美国页岩气开采设施

但这里的主要原因是，石油等化石能源，能充当的并不只是燃料，将近一半的石油会被提炼为石油制品，比如乙烯、丙烯、甲醇等化工原料，还有合成纤维、合成橡胶、合成洗涤剂，以及化肥、洗涤剂等生产或生活中会被大量使用的产品。

所以一旦制造业规模缩减了，对这些化工原料和产品的需求也会大幅降低。美国制造业始终没有实现回归，自然对化工原料的需求没有中国那么高。

那么新能源汽车为什么会成为人们的新宠，它会创造出哪些新科技，又会给我们的未来出行带来哪些新变化呢？请大家继续往下看。

4.1 新能源汽车为什么能异军突起

大家可能会发现，几乎在短短的两三年内，大街上挂着新能源车牌的汽车多了起来。实际数据也支持你的这种感觉。2024年中国汽车流通协会乘用车市场信息联席分会发布了《2024年7月份全国乘用车市场分析》报告。在报告中披露2024年7月，国内乘用车市场中，新能源汽车的零售销量达到了87.8万辆，同比增长36.9%，而常规燃油车的零售销量为84.0万辆，同比下降26%，环比下降7%。

其中的关键数字是两者的零售销量，新能源汽车首次超过了常规燃油车。这在工业领域被称为奇点，意思是新产品或新技术最开始发展得比较艰难，但随着相关产品或技术不断进步，其市场覆盖率会达到一个临界值。一旦超过了这个临界值，新产品或新技术将会加速替代传统的产品或技术。

换个角度理解，就是当新产品或新技术的市场覆盖率超过这个临界值之后，改变传统市场格局的趋势将不可逆。这就如同当年智能手机替代了功能机。

现在新能源汽车的发展速度几乎可以媲美当年的智能手机。

但新能源汽车比不上智能手机的替代速度，主要原因是汽车属于家庭大额财产，一般购买之后不会轻易更换。比如，我国的个人小汽车更换周期大约是 5 年（60% 以上的人会在 5 年左右更换自己的汽车），而当年智能手机的更换周期大约是 2.5 年，所以智能手机的替代速度更快一些。

那为什么说不可逆呢？我们还是以智能手机为例。随着智能手机的覆盖率逐渐提高，很多应用程序厂商将不再开发传统功能机上使用的应用程序。如果消费者还是持有传统功能机的话，那么很多新的应用服务都无法享受到。比如，无法使用手机网购、手机银行、手机订票、手机外卖、手机缴费等。

那么对应到现在的新能源汽车，如果有人认为新能源汽车仅仅是将汽车的能源从化石燃料换成电能或者氢能，可能不太能理解为什么新能源汽车的数量可以如此迅速地增长。其实新能源汽车改变的是人们的出行方式，未来的出行方式将变得更智能、更无人操作。如果还有人怀疑这点的话，不妨看看世界上发生的事情。从民用品到军事品，从公路上跑的，到铁路上跑的，再到天空中飞的，都在快速地实现无人化。

2024 年 9 月 26 日，我国首列无人驾驶万吨重载列车首次在朔黄铁路完成开行试验。这标志着我国的重载铁路实现了从自动驾驶到无人驾驶的新突破。这次试验的无人驾驶重载列车共 108 节，全长约 1.3 千米，总重达 10 800 吨，从关键技术到管控模式都实现了自主可控。这项技术先应用在货车上，我们将来能开出更多货运列车，使得我们的物流更加顺畅。

无论是我们日常使用的家电，还是我们的手机或各种交通工具，都在向智能化的方向狂奔。这是无法阻挡的大势。

作为汽车，如果想实现智能化，那么就要安装更多的传感器，比如感知外界的激光雷达、毫米波雷达、超声波雷达等，以及观察各个方向的摄像头等。有了这些传感器，还需要功能更强大的中央处理器，用于进行视觉识别、周围环境的三维建模及行车策略的人工智能策划。再加上控制车身各部分的控制芯片，比如控制空调、座椅、天窗等，以及越来越多的多媒体设备。下图是车规级 IGBT 控制芯片。

»车规级 IGBT 控制芯片

这就带来了一个很直观的需求，那就是智能汽车的耗电量远远高于传统燃油车，所以用电力作为主要能源成为必然的选择。

另外，机械传动需要结构复杂的变速箱、齿轮箱，动力也需要从发动机通过传动轴才能传导到车轮，所以必然无法避免控制动作的延迟，以及齿轮传动时的振动和噪声。这也是传统燃油车要耗费很多成本提高车辆的降噪性能的原因。而且，机械传动由于受到齿轮传动的限制，很多操控都无法实现。比如，四个车轮可以做到转动速度不一样，但还是要向一个方向旋转。若无法做到四个车轮做出不同的转动动作，那么将很难做出原地掉头的动作，也无法实现像电动汽车那样，在高速行驶时即使有一个轮胎爆胎，也能够通过系统调整各轮胎的输出，实现用三个轮子平稳行驶的高难度动作。下图是传统燃油车变速箱。

»传统燃油车变速箱

采用电动控制天然具有低延迟、低噪声、低振动、操控敏捷准确，以及拥有更多的运动自由度（比如电机可以随时调整车轮速度，并且能够任意选择正转或反转）等特点，这使得高智能化的汽车只能使用电力作为驱动能源。

这也是为什么只有当电动汽车大行其道之后，才会触发智能驾驶技术的爆发。在传统燃油车已经很普及的过去，智能驾驶技术始终只能停留在简单的辅助驾驶层面。比如，传统燃油车最多能做到为驾驶员提供定速巡航、车道居中、倒车影像及转弯辅助等基础的辅助功能。下图是带有倒车影像的辅助驾驶效果。

»带有倒车影像的辅助驾驶效果

所以技术路线的选择往往决定了产品的发展能达到什么样的程度。

之所以跟大家解释这些，是想让大家了解电动汽车在如此短的时间内改变汽车行业的底层逻辑的原因，大家在了解了底层逻辑之后，当需要选择购买传统燃油车或电动汽车的时候，能够做出更好的选择。毕竟一辆汽车对于多数家庭而言都是大件消费品，大家都希望汽车能使用较长的年限，而且在使用年限内，最好也不要落后于时代潮流。

下面聊聊新能源汽车的发展趋势和技术路线。

4.2 氢能源汽车能走多远

提到新能源汽车，有两个比较具有代表性的主要分支：第一个是电动汽车，第二个是氢能源汽车。

说起电动汽车的发展，有一个很有意思的事情，那就是日本曾经是电动汽车领域的领头羊。1997 年，丰田推出了混合动力车型普锐斯，那时候正赶上西方国家大范围掀起环保浪潮，以至于众多好莱坞明星，如果不买一辆普锐斯，都不好意思立环保人设。而此时距离后面特斯拉推出 Model 系列电动汽车，足足还有 13 年。下图是曾经风靡环保界的普锐斯。

»曾经风靡环保界的普锐斯

甚至在特斯拉推出电动汽车的前一年，日产汽车还推出了纯电动车型聆风。它被认为是大众市场上的第一款纯电动汽车。日产聆风的特点是使用锂电池作为动力源，在完全充电的情况下可实现 160 千米以上的续航里程。而且它还能采用 200 伏的家用交流电进行充电，分为慢充和快充两档。可以说聆风当时的设计相当前卫。下图是日产聆风纯电动汽车。

»日产聆风纯电动汽车

即使到了2010年，丰田也参与投资了特斯拉。那时，日本依然是电动汽车行业最具竞争力的国家。

只不过从那之后，日本汽车行业走上了一条奇怪的道路，那就是用全部精力发展氢能源。日本车企投入巨资，向外界宣传氢能源更加环保，燃烧之后只会产生水。这也让很多人认为，氢能源将是清洁能源的最后归宿。

但其实一种能源是否真正环保，不仅要看使用它时产生的剩余物，更要看在生产它的过程中是否会有大量的碳排放。在业界，氢能源被分为灰氢、蓝氢和绿氢三种类型。

灰氢是指将化石燃料，比如石油、天然气和煤等，通过化学热解或汽化，也就是通过燃烧产生的氢气。在整个生产过程中，会有大量的二氧化碳排放出来。只不过到了使用端，不会再产生二氧化碳排放。所以严格来讲，灰氢并不算清洁能源。目前大规模生产氢气的方式依然以化石燃料为主，全球 90% 以上的氢都属于灰氢范畴。下图是石油焦制氢装置。

»石油焦制氢装置

比灰氢强一些的是蓝氢。蓝氢的制取也使用的是化石燃料，以天然气为主。但是它与灰氢不同，运用了碳捕集、碳再利用及碳封存技术。具体表现为蓝氢的制取企业需要配置碳捕捉和碳封存等设备，以减少温室气体排放。下图是沙特与中国合作的蓝氢企业。

»沙特与中国合作的蓝氢企业

绿氢则主要采用电解水的方式来获取，电解水所需的电能主要来自太阳能、风能等可再生能源。因此在这个过程中，不会产生二氧化碳。绿氢才是真正的清洁能源，也被国际视为最具发展潜力的清洁能源之一。

至此我们应该弄清楚一个概念，那就是氢能源不一定等于清洁能源，还要看它的生产过程。下图是中国万吨级光伏制氢项目。

»中国万吨级光伏制氢项目

2024 年，丰田推出新款氢能汽车 MIRAI，官方宣传一次加注可续航 850 千米。丰田官网还宣传，这款汽车的续航测试极限超过了 1000 千米。一时间这款汽车被誉为“人类之光”。只不过要驾驶这辆“人类之光”需要一定的勇气。下图是 MIRAI 三个氢气罐的排列方式。

»MIRAI 三个氢气罐的排列方式

根据丰田官方介绍，MIRAI 一次加注的氢气重量为 5.6kg，分装在三个气罐里。那么这三个气罐内的压力是多少呢？是 70MPa（兆帕），约等于 700 个标准大气压。

我们来进行对比：美军 M67 防御型手雷的杀伤半径超过 10 米，3 米内的冲击波带来的压力是 2MPa；一般炮弹爆炸产生的冲击波带来的压力是 20 ～ 30MPa。现在知道 70MPa 的威力有多大了吧。

在丰田推出 MIRAI 后不久，发生了一件事，一时间把它推上了“热搜”。环球军事网站放出了一段俄乌前线由乌克兰军队录制的视频。乌军从一辆报废的丰田汽车 MIRAI 上将氢气罐拆下来做成了氢气“炸弹”。通过视频可以看到，以旁边的建筑物为参照，这枚氢气“炸弹”的威力非常大，如下图所示。

»乌克兰军队公布的爆炸画面

那么日本的氢能源汽车为什么要把氢气罐做到具有这么大的压力呢？这也是因为没有办法。因为在标准大气压下，氢气是密度最小的气体，所携带的能量实在是太少了。其所携带的能量少，就会大幅减少汽车的续航里程。若想要携带更多的能量，密度不够就只能用压力来“凑”了，也就是将更多的氢气压进高压容器中。

其实除了携带能量少这个缺点，氢气还有另一些特征，妨碍它成为汽车的动力能源。比如，氢遇到钢材会发生氢脆现象，也就是氢原子会渗透到钢材内部，聚合为氢分子。这使得钢材内部的晶粒之间的原子结合力降低，钢材的延展率、强度等都会发生变化。在这些变化超出了极限之后，钢材就会形成非常细小的裂纹。这些裂纹使原本坚硬的钢材变得很脆，受到冲击时就有可能断裂。这种现象叫作氢脆现象，而且氢脆现象只能防止，无法修复。一旦钢材产生了氢脆现象，就只能报废了。氢脆现象如下图所示。

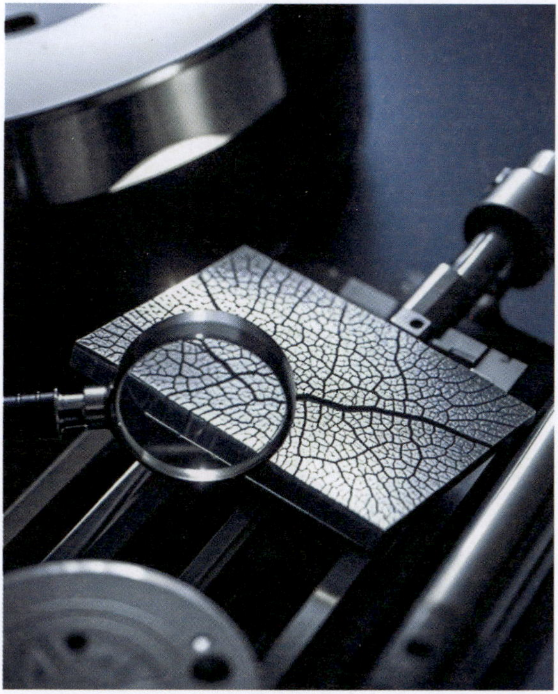

»氢脆现象

因为氢元素是最小的化学元素，所以氢气非常容易泄漏。以美国国家航空航天局NASA位于肯尼迪航天中心的最大的氢储罐为例，它每天都有将近0.05%的损失。要知道这可是航天级的产品，但都无法做到完全密封。汽车作为民用品，更是难以做到。

这还只是在氢能源汽车正常使用的情况下。汽车作为路上行驶的交通工具，很难避免碰撞和剐蹭。在外力撞击下，储氢罐如何才能保证安全，也是难以解决的问题。

大家都知道有种物理现象叫粉尘爆炸，就是如果可燃粉尘与空气混合成粉尘云，当粉尘云在密闭空间内达到一定比例的时候，遇到明火就会爆炸。而氢气的爆炸极限非常宽，从4%～75%都会爆炸。超过75%并不是没事，而是会燃烧。

这样停在地下车库中的氢能源汽车的所有者会不会每天都去检查是否存在氢气泄漏？大家都知道这几乎是做不到的。

同时，加氢站的建设成本也比一般的加油站要高很多。由于存储氢气有特殊要求，因此不能将传统的加油站直接改为加氢站使用，必须重新建设。同等加注能力的加氢站的投资额大约相当于传统的加油站的3～5倍。

由于以上种种原因，氢能源汽车始终不被其他国家看好，搞到最后只有日本一个国家在大力投入。工业品就是如此，没有广阔的市场，也就没有足够的发展空间。

那么日本为什么要执着于氢能的发展呢？

第一点是因为资本具有逐利性，当年日本已经拥有了雄厚的燃油车技术，筑起了行业的专利墙。而那时候的电动汽车市场还处于培养阶段。从市场表现上看，新能源汽车属于“叫好不叫座”，这就使得资本失去了对电动汽车的兴趣。

氢能源汽车有一种技术路线，叫内燃机式。它的工作原理跟传统汽车差不多，只不过把燃料替换成液氢。这对日本车企而言，既能让之前的燃油车优势继续发挥，同时投入的研发费用也相对可控。对资本而言，这属于最佳选择，自然就逐步从电动汽车转向了氢能源汽车。下图是内燃机式氢能源汽车。

»内燃机式氢能源汽车

第二点是因为日本对行业的发展预测错误。当年的锂电池技术，经过很长时间都没有取得突破，所以日本车企就形成了一个观念，那就是锂电池技术的完善还需要很漫长的时间。因此，日本车企认为自己有足够的时间，先把燃油车的价值榨取干净。

但是没想到这中间杀出了一匹黑马，那就是中国。只用了三年多的时间，中国锂电池行业就从春秋战国时期走入了大一统时期。宁德时代、比亚迪等在锂电池领域的技术突飞猛进。这也使得电动汽车在很短的时间内就具有了替代燃油车的技术基础。而对时间表的错误判断，让日本车企乱了脚步。

第三点是日本企业缺乏应变能力。当年风靡全球的随身听就是被苹果颠覆性的 MP4 等产品打到毫无还手之力的。但直到随身听被赶出了市场，也没见到日本企业进行什么有效的应对。

电动汽车领域依然如此。即使今天电动汽车的发展趋势已经非常明显，但日本企业投入的力度仍然不大，决心仍然不够坚决。比如，丰田勉强在 2023 年推出了一款电动越野车，但很快被发现，该款车存在车轮脱落等风险，从而导致丰田停止了该款车的销售。

作为一个世界级的车企，新款车出现这样的低级问题，实在是让人无语。同时也让人们感觉到，日本企业在应对市场转折时的麻木与滞后。

不仅是日本企业，日本政府也是如此。在电动汽车大势已定的今天，日本政府依然在 2024 年年初做出规划，要打造一个“氢能社会”。其中氢能源汽车依然是重点发展方向。下图是日本氢能社会设想图。

»日本氢能社会设想图

由此大家就能理解，为什么在国际公认的未来发展领域：人工智能、物联网、量子技术、智能驾驶等，全球前十名中看不到日本企业的名字。

这时候可能有人会问，中国也提出过要发展氢能，甚至在大马路上还见到过氢能源公交车。没错，氢作为可承载风、光等可再生能源的中间介质，是我们国家实实在在需要的。不过同样是氢能，我们的发展思路与日本不同。

首先回答大家一个问题，那就是为什么中国的风电和光伏电场不把产生的电能直接输入电网，而是要先制成氢气、乙醇等中间产品。这是因为电能在电网中具有不可保存性，将电能从电网送到使用端，如果使用端没有使用，那么这些电能就会被废掉。如果长期如此，对电力设备也有损伤。

现在我们的电网已经具有秒级调节能力，但即使如此，每年还有上百亿度的电能被废掉，所以电网要求电厂必须能够根据使用端的需求生产电能。

风电和光伏，虽然都属于可再生能源，但是它们发电量的大小完全取决于大自然的条件。比如，电网需要电能的时候没有风，不需要电能的时候又有足够的风。那么这些不受控制的电能，是电网不需要的。这也是几年前光伏等可再生能源被电网称为“垃圾电”的原因。

所以我们的做法是，在风能和太阳能的发电源头，首先将这些能源转化为氢气、乙醇等能够稳定存储能量的物质。随后，这些物质会被运输到氢能发电厂，根据电网的需求进行电能生产。

还有一种做法，就是将氢气运送到需要大量使用化石能源的企业，比如炼钢厂。2022 年 2 月，宝钢湛江钢铁零碳示范工厂——百万吨级氢基竖炉工程正式开工。这也是我国首条集成氢气、焦炉煤气进行工业化生产的直接还原的生产线。下图是宝钢湛江钢铁零碳示范工厂。

»宝钢湛江钢铁零碳示范工厂

氢能的整个应用过程分为四大部分：生产、存储、运输和应用。日本更多追求的是应用端的技术，理由在前面介绍过，不再赘述。而我们主要的发力点是在前三个部分。

第一部分是氢气的生产。2023 年 5 月，中国工程院院士、深圳大学教授谢和平团队与东方电气集团合作，成功开展了全球首次海上风电无淡化海水原位直接电解制氢技术的海上中试。这是一个里程碑式的突破。

前面跟大家介绍过，只有用风能、光能等可再生能源制造出来的氢才能被叫作绿氢，才是真正意义上的绿色能源。而绿氢的主要制备工艺，就是电解水。在这个领域，我们早已成为全球第一，制氢量占到全球的近 50%。

但是淡水资源也属于全球紧缺资源，所以对于绿氢的扩产，不能把重点放在淡水资源上。因此，中国的科学家把目光聚焦在了占全球 71% 面积的海水上。用极其丰富的海水来制氢，这样不就能完美解决绿氢的生产问题了吗？

只不过这个想法自 20 世纪 70 年代初被提出之后，始终无法得到实现。因为海水中的元素成分非常复杂，再加上洋流变化等诸多因素，很容易造成催化剂失效等问题。经过半个多世纪，直接电解海水制氢这项技术，依然停留在探索阶段。

谢院士的团队经过多年研究，发现了电解海水的新思路。从物理力学和化学扩散等角度，将海水中的复杂影响进行隔绝，这才成功完成了此次使用风电在无淡化的海水原位直接电解海水制取氢气的试验。

此次试验为什么被称为中试呢？在制造业中，中试是指产品在正式投产前进行的小规模试验。中试的成功代表了这项技术即将进入大规模量产阶段。

更重要的是，根据谢院士的介绍，这项技术的成功预示着未来我们还可以从盐湖水、废水中制氢。这不仅使制氢途径近乎无限，而且打开了低成本制氢的大门。下图是海上风电无淡化海水原位直接电解制氢装备。

»海上风电无淡化海水原位直接电解制氢装备

现在再说说存储和运输技术。这两项技术是强关联的，只有找到好的储氢方法，才能安全地将氢气输送到需要的地方。在这方面，我国除了传统的氢气罐、氢气管道，更是掌握了固态合金储氢技术。

2023 年 3 月 25 日，国家重点研发计划之一，由有研工程技术研究院有限公司与有研（广东）新材料技术研究院联合开发的固态氢储能项目，在广州和昆明实现了并网发电。这个项目是通过光伏发电电解水产生氢气，利用固态氢合金进行存储。等到需要使用氢能时，再从固态氢合金中释放氢气进行发电。用王成山院士的话说，这个固态氢技术解决了绿色电力和绿色氢能之间不能灵活转换的难题。

固态储氢的原理，是先将氢气进行加压，与储氢合金进行反应，从而将氢气固化在合金中。当需要使用氢能的时候再对合金进行加热，这时就能释放出氢气了。

固态储氢不仅安全、储能密度高，而且在吸氢和放氢的过程中还能对氢气进行纯化。因此固态储氢也被业界认为是储氢的最佳方案之一。下图是固态储氢装备。

»固态储氢装备

其实我国在固态储氢领域的技术储备，并不比国外落后。早在 20 世纪 90 年代，有研工程技术研究院有限公司就将这项技术应用于精密计时设备。这套设备至今都保存完好。经过几十年的技术积累，我国现在的固态储氢技术在国际上处于领先地位。已经做到可大、可小、可高压、可低压，从克级到几百千克级全覆盖。比较大的固态氢储能站，可以存储超过 100 千克的氢气，承受近百兆帕的压力，而且加注速度能达到每分钟超过 1 千克氢气。

固态储氢技术既可以成为大型储氢站的基础，又可以用这种安全的方法运送氢气。只要在运输过程中，温度不要太高，即可保证不会“解析”出氢气。

2024 年 11 月 18 日央视报道：全球首例大型固态储氢设备，从外高桥四期码头装船出运。这标志着我国在解决氢气长途存储、大规模运输等问题上取得了业界的重大突破。

最后说一下应用。除了在条件许可的能源集中型企业使用氢气替代化石燃料，有人可能看到过我国的氢能源公交车。的确，用氢能做公交车的能源，也是氢能的应用方向之一。因为公交车并不需要太长的续航里程，一般一条线路来回大概几十千米。因此，储氢罐的压力没必要做得那么大，一般达到 35MPa 甚至更低即可。在一般的情况下，也不需要将储氢罐加满，这样就能降低压力容器的危险性。

而且公交车与民用车辆不同，它是专人集中管理、固定路线运营的。每天公交车收车之后，都可以在公交车站由专人进行检查，以保证车辆的健康。同时，大多数公交车的集中停放区一般都是露天的，这样即使出现少量的氢气泄漏，氢气也很容易挥散出去，难以形成密闭空间的爆燃条件。

不过就算如此，当大家在路上驾车时，如果看到公交车后面悬挂了氢能源车的标志，希望大家认真对待，防止发生追尾事件，保证自身和他人的安全。下图是公交车加氢站。

»公交车加氢站

回到新能源汽车的话题，从目前的技术发展来看，氢能源汽车只会停留在公交、货运等几个小众的应用领域。广大的家庭汽车市场，还会以电动汽车为主导。

4.3　让人欢喜让人“愁”的电动汽车

大家有没有注意到，现在讨论哪款车型更好，已经从过去的比品牌、比减振、比降噪及比内饰豪华等方面转向了比车型的智能驾驶性能。这就是我们的出行方式被潜移默化地改变了。因为电动汽车的优点实在是太多了，以至于以往传统燃油车引以为傲的优势在电动汽车面前几乎不值得一提。

举个简单的例子，以前很多人买车要看动力，其中一个指标就是从 0 达到 100km/h 的加速时间。如果燃油车能在五六秒就将车辆从静止提升到 100km/h，那就足以傲视很多其他车辆。但是这个时间在电动汽车领域几乎每一款车都可以做到。对于汽车的静音性能，电动机本身比所有燃油发动机安静得多。以往燃油车要付出大量的成本做隔音处理，而电动汽车诞生之时就自带静音属性。

有意思的是，有些赛博朋克爱好者说想听到发动机那种怒吼的声音，这点电动汽车也能实现。有的电动汽车企业还专门开发了一个小程序，可以和加速踏板联动。当驾驶员踩下加速踏板时，音响会根据踏板踩下的幅度，播放相应的发动机声音。甚至，驾驶员还可以根据自己的喜好，选择不同品牌车辆的发动机声音。

如果听腻了，也可以随时关闭这个小程序。看见没有，这就是电动汽车可以灵活配置的表现之一。电动汽车的集成化程度高，省去了燃油车的发动机及附件等零部件，使得整车维修保养也相对简单。

而且没有了发动机这样的大型部件，外形和尺寸相同的电动汽车的内部空间也比同尺寸的燃油车要大。这就给乘坐者带来了更舒适的体验。

更重要的是，电动汽车的日常费用要远低于传统燃油车。之前有电动汽车企业做过统计，同样的行驶里程燃油车的油费大约是电动汽车电费的十倍。这给日常使用车辆较多的家庭和个人带来的好处是非常明显的，这也是为什么最先更换电动汽车的是网约车和出租车行业。毕竟收取的路费是一样的，但是电动汽车的行驶成本只需要燃油车的十分之一。

但是很多人还是对电动汽车感到焦虑。首先是对续航里程和充电感到焦虑。很多人都关心电动汽车的续航里程，甚至把其作为主要参数指标。从续航里程 300 多千米到 700 多千米，再到现在有 1000 多千米续航里程的车型推出，似乎还是不能让部分消费者满意。

其实现在大多数电动汽车的续航里程都已经超过了一般的燃油车。但是大家为什么还要焦虑呢？主要原因在于，人们在评估电动汽车的时候，仍然沿用了燃油车的使用习惯。

这是什么意思呢？因为燃油车有专门的加油操作，就是当你驾驶的燃油车油量不足时，需要专门到加油站进行加油。电动汽车则不同，比如车主回家之前，可以随时在自己车位的充电桩上充电。至于充电时间，其实并不重要，因为车主回家之后，会长时间不再使用车辆。而且，夜间充电的费用比白天充电低。

所以只要养成下车回家前关注一下电量的习惯，及时充电就行了。从充能角度来说，电动汽车要比燃油车更方便。因为不需要拿出专门的时间寻找加油站加油。就如同在我们的生活中看到自己手机电量不太足，随手插上电源线充电一样。

有人可能会问，如果停车场的充电桩不够多，或者有充电桩的车位被其他车占用了，该怎么办？这就要说到新质生产力带来的机会，一是技术上的突破——无线充电技术，二是现有市场的商机。

其实新质生产力不仅是技术方面的进步，也会直观地带来市场机会，就看大家对新质生产力的了解是否透彻。在目前的条件下，确实存在公共停车场充电桩数量不够的情况。因为每个充电桩的价格大约在 8000 元～ 10 000 元，一个中大型地下停车场，车位有 300 个左右，如果给所有车位安装充电桩，确实是一笔很大的投入。

有企业根据这种情况，开发出移动式充电桩。移动式充电桩就是在停车场的天花板上搭建一条连接各车位的滑道网。在每个车位上贴上一张二维码，需要充电的车主只要用手机扫描这个二维码，移动式充电桩就会通过滑道移动到车主的位置。然后充电桩内部收起的充电头会自动放出来，车主将其插在自己车辆的充电口上就可以离开做其他事情了。等到充电完毕，充电头还能自动收回，移动式充电桩会回到等待区，等待下一位车主的召唤。下图是滑轨式悬挂充电桩的其中一种设计方式。

»滑轨式悬挂充电桩的其中一种设计方式

经过这样的设计，一个含 300 个车位的停车场，只需要

40～60个充电桩就能满足绝大部分充电需求。这样既节省了投资，还让车主们只要有位置停车，就能充电。

其实其中的技术含量并不高，基本上是成熟技术的组合。但是企业在对产品进行设计时，需要对新质生产力所带来的新需求进行充分了解。

据说目前这些拥有滑轨移动充电专利的厂家，生意好到订单接不过来。这也是目前普遍的情况：凡是在传统行业继续“卷”的企业，都会觉得业务越来越难做。而进入新质生产力领域的企业，则觉得到处是商机。

希望本书的介绍能为寻找创业机会的朋友们带来新的思路。电动汽车充电难的问题还有一种高科技解决方案，那就是无线充电。

2024年，彭博社新闻曾发表了一篇文章，题目是《电动汽车无线充电正在接近现实》。文章中说中、美、欧洲等国的企业都在积极研发无线充电技术，并陆续取得了一些成果。目前业内的情况是，50千瓦级的普通无线充电装备和300千瓦级的快速无线充电装备都已经进入测试阶段。

电动汽车无线充电的原理是，利用磁共振和充电器线圈产生电力传输场，当充电器线圈对准汽车上的接收器线圈时，电能就会被捕捉并传输给汽车电池。

据业界的介绍，现在的无线充电技术已经能让充电器线圈与接收器线圈之间存在不超过250毫米的偏差，就能够顺利实现充电功能。也就是说，不需要对车主停车的准确性有过于严苛的要求。

当然，目前这项技术还存在两个比较大的障碍：一是无线充电桩的成本比较高，需要大幅降低成本，才能大面积推广；二是现有已经出售的电动汽车，都不具有这样的功能。那么如何对存量电动汽车的充电口进行改装呢？这是车企需要研究的问题。

在这个领域，我们的企业正在积极努力。根据国家知识产权局公告，华为取得了一项名为《一种终端设备及无线充电组件的专利》的授权，授权号是 CN113452160B。按照专利摘要介绍，这项技术可以在使用两种不同频率的线圈时保证充电效率。同时业内也有传闻，华为正在研发 100 米距离的定向无线充电技术，充电效率可达 95% 以上。

相信在各个国家科学家的努力下，会实现彭博社文章题目“无线充电时代很快将走进我们的生活”所说的事情。

这项技术一旦实现商用化，将彻底缓解人们对电动汽车充电的焦虑。因为未来只需在整个停车场或者路旁停车区按照固定距离安装无线充电桩。人们不再需要执行专门的充电操作，只需在停车之后用手机 App 下达充电指令，即可给自己的爱车充电。

甚至连这个步骤都可以省去，人们可以设置自动充电功能。比如，当电量少于多少的时候，电动汽车的电源管理系统能向周围的无线充电桩发出充电请求。也许在不久的将来，人们会忽略电动汽车还需要充电这回事儿。

等到这项技术成熟并推广之后，电动汽车与燃油车之间的争夺将落下帷幕。这不仅解决了电动汽车充电难的问题，而且成为电动汽车的一项优势，毕竟燃油车做不到隔空加油。下图是电动汽车无线充电桩。

»电动汽车无线充电桩

这时也许有读者会问：如果都是市内通勤，那么以上方法确实能解决充电问题，但如果是长途旅行，是不是就有充电时间的问题了？

这点确实如此，滑轨式移动充电桩和未来的无线充电技术都无法解决长途旅行时车辆需要补充电能的问题。因为那时候车主的要求就是快。在长途汽车休息区，一般加油需要几分钟到十几分钟（因为加油枪有限，所以多数时间需要排队）。虽然充电桩的配置可以远多于加油枪，电动汽车的车主不太需要排队，但充电时间太长，也是车主们难以接受的。如果比燃油车加油长几分钟还可以，再长就会让人觉得不方便了。

为此又是华为给出了解决问题的方案，在 2023 年的国庆节期间，华为推出全液冷超级充电技术，并且将相应的充电桩安装在了川藏线的高速公路休息区。这种充电桩用液冷技术，解决了快速充电时大电流带来的发热难题，最大功率能达到 600kw/s，可达到“一秒一公里”的充电速度，而且还不挑车型，连电动货车都可以充。川藏线的休息区喊出了这样的口号：一杯咖啡，满电出发（如下图所示）。采用液冷技术之后，充电线可以做得更细，充电过程也更安静。

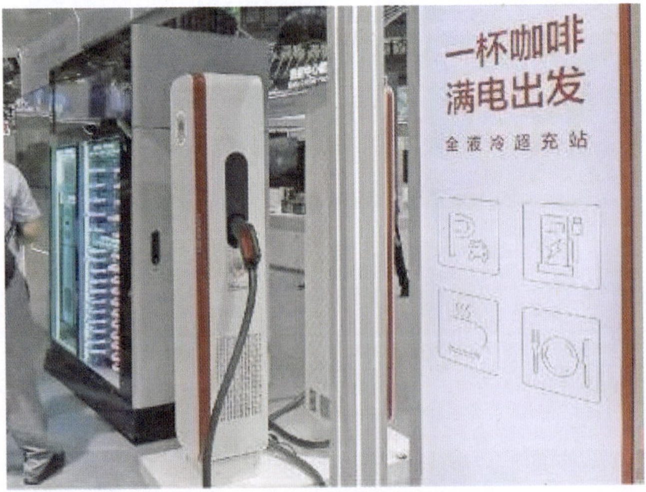

»华为的全液冷超级充电桩

目前中石油旗下的加油站及其他加油站，也开始引入这种全液冷超级充电桩，使加油站变成充电站，为临时需要充电的车主们提供快捷的服务。

人们对电动汽车的第二个焦虑是，在严寒地区电池的性能会大幅下降。这让严寒地区的人，不太敢体验电动汽车。

的确，严寒气候无论是对传统燃油车还是对电动汽车，都是比较严苛的考验。在东北极寒天气里，就连传统燃油车也会出现无法启动的现象。大多数人感觉锂电池可能会抵挡不了严寒气候，这个概念来自大多数人对小型电子设备的使用体验，比如手机、数码相机等。这些小型电子设备确实不具备抵御严寒的能力，拿出来用一会儿就会出现严重的掉电现象。但是电动汽车并不是这样的，因为电动汽车都有自己的热管理系统。

这种热管理系统，其实技术实现上不太复杂，就是电动汽车的传感器在感知到外界温度会低到影响电池性能的时候，启动电池组的加热或保温工作。通过耗费一些电能，对电池组进行加热，或者在车内形成一个相对温度较高的环境。

这些操作消耗的电能并不是很多，因为现在大多数锂电池都可以在 -20℃工作。也就是说，当温度低于 -20℃的时候，电池热管理系统才会启动，而且无须将温度加到很高，只要让电池组的温度回到 -20℃以上即可。虽然这样做确实会额外耗费一些电能，但是由于电价和油价之间有着巨大的差价，所以这点消耗是可以接受的。况且，以黑龙江省的哈尔滨为例，真正气温能达到 -20℃以下的天数，一年之中也就只有 30 天左右。

在我国最北边，纬度最高也最冷的城市之一漠河，冬季时常出现 -40℃以下的极寒温度。而宇通的电动公交车在这个城市已经顺利运营了将近 4 年，如下图所示。

»宇通的电动公交车在漠河运营

从 2023 年 12 月开始，比亚迪也将自己旗下二十多款纯电动车型拉到黑龙江省黑河市——也是我国的极寒城市之一，进行严寒地区的性能测试。经过 138 天的高寒极限挑战，证明电动汽车完全可以在严寒地区使用。

当然，我们的科研工作者也在不断研制自身就能抵抗低温的电池技术。在 2023 年第 25 届中国国际高新技术成果交易会上，中国科学院的科研团队带来了可以在 -70℃正常使用的宽温域锂电池。之所以叫它宽温域，是因为它能适应的温度范围非常宽。最低温度可以达到 -70℃，而最高温度可以达到 80℃。

具有这样的温度适应能力，在自然界中仅有南极对宽温域锂电池有点儿影响，因为南极的最低温度达到过 -98℃。至于高温环境，目前尚未遇到对手，因为根据人类气象记录，最热地区伊朗卢特沙漠所记录的最高温度也仅为 71℃。

这种宽温域电池的研发单位是中国科学院深圳先进技术研究院碳中和技术研究所的先进储能技术中心。据介绍，这种电池使用了他们研发的一种新型铝基复合负极材料，加上相应的电解液体系，与现在商用的锂电池正极材料组合而成。下图是中国科学院研制的宽温域铝基磷酸铁锂电池。

»中国科学院研制的宽温域铝基磷酸铁锂电池

据研究团队介绍，这种新型电池还具有安全、长续航里程和低成本等优势。等到这种电池大规模商用之后，也许东北的朋友会看到在极端严寒的天气下，燃油车的车主需要给自己的爱车加热才能启动，而电动汽车的车主则可以轻松驾驶车辆离开。

同时这也说明，我们的电动汽车现在能领先国际同行几个身位的原因，就是我们掌握了多项与电动汽车相关的核心技术。根据国际能源署给出的数据证明，中国在新能源汽车领域全面领先全球。而且，国际能源署还预测，因为中国制造在这个领域具有绝对优势，所以新能源汽车电池成本的下降速度也比之前预测的要快很多，正在以每年 11% 以上的速度下降。到 2025 年，电池成本有望下降到现在的 40%。

到了那个时候，电动汽车相对于传统燃油车的优势会更加明显。国际能源署也因此预测，到 2030 年全球新能源汽车将会增长 10 倍。

人们对电动汽车的最后一个焦虑是，锂电池可能发生自燃事故。首先要说明的是，锂电池除了意外的激烈碰撞情况（燃油车发生激烈碰撞，也有可能会发生自燃），燃烧的主要原因就是热失控。而造成热失控有多种因素，比如内部短路、过度充电、电池老化、电池热管理程序出错等。

除了第一项内部短路，其他的问题都可以通过电池热管理系统来解决。现在的电池热管理系统均已比较成熟。所以，之前华为的余承东在 2024 年国庆前宣布，他们已经出售的 40 万辆电动汽车保持了零自燃的纪录。

有人把宁德时代锂电池厂的着火事件与余承东的话关联起来，认为他在吹牛。其实这是因为不懂锂电池管理的原理，把锂电池生产过程与使用过程的热管理混为了一谈。前面讲过锂电池的锂枝晶问题，我们的科学家们正在努力解决这个问题。到目前为止，可以说我们的技术发展走在了前列。

锂枝晶的危害在前面讲过了，这里不再赘述。但这个现象为什么会产生，业界始终没有一个公认的说法。因为人们使用之前的观察设备无法观察到锂枝晶的产生过程。因为锂枝晶产生的位置是在锂电池的电解液和电极、液体和固体的接触面，而且需要呈现出纳米级的高清图像。现有的原子力显微镜、静电力显微镜等设备都无法完成这个任务。看不到是如何产生的，自然也就难以找到产生的真正原因。

不过这个问题也许在中国会得到解决，因为2023年9月，厦门大学的一名“95后”博士生，自主研发了高时空分辨原位液相透射显微镜系统。通过这个设备，首次发现了电池电荷存储聚集的反应新机制，包括集体电荷存储和瞬时结晶等。

简单地说，这种新型显微镜能看到锂枝晶产生的过程。科学就是如此，只要能清晰地观察到某种现象是如何产生的，科学家们就能获得解决问题的思路，并做针对性的研究。

前面锂电池一章介绍了钠电池的发展，同时也向读者介绍了中国在这个技术领域的领先情况。在市场表现上，我们在这个领域也走在了前面。科海钠推出了量产的钠离子圆柱电芯，而江淮也用科海钠的钠电池推出了全球首款钠电池电动汽车花仙子，如下图所示。

»钠电池电动汽车花仙子

除了钠电池，还有一种电池在业界的呼声也很高，那就是前面介绍过的固态锂电池。它的电容量大、安全性高、充电速度快，而且封装更容易。在电动汽车等设备上使用固态锂电池时，由于省去了冷却管、电子控件等零部件，所以整体重量更轻。固态锂电池如下图所示。

»固态锂电池

固态锂电池除了安全，另一个显著的优点就是续航里程长。根据现在中国固态电池企业公开的数据，首批推出的固态电池的能量密度已经可以达到 700W·h/kg，是现有最好的商用锂电池的 2 倍多。也就是说，在同样的重量下，固态电池能够让电动汽车的续航里程从 700 千米轻松提升到 1500 千米以上。

当然之前也介绍过，即使有新型电池推出，也并不意味着液态锂电池会很快被淘汰，因为其中还涉及产业链和产能建设。

工业领域产能是一个非常重要的因素，它会决定产品的综合成本、交货周期和交货量等。而这些因素也会在消费者选择的过程中，起到相当关键的作用。

所以据笔者估计，在相当长的一段时间里，多种电池会同时存在。对安全比较在意的消费者可能会选择价格略高的固态锂电池，而注重性价比的消费者可能会继续选择液态锂电池。之后就看这几种电池的技术发展速度了，谁能更快地补上自己的短板，谁就有可能占据主导地位。

当然，不管最后是哪种技术方案取得了胜利，我们作为消费者都可以安静地“吃瓜”，因为最终获益的是我们。

4.4 智能驾驶跑到哪儿了

终于说到智能驾驶了，它与我们的生活息息相关。因为智能驾驶是未来几年会对我们的生活方式产生最大影响的新技术之一。为什么这么说呢？下面一起看看如果无人驾驶时代来临，我们的出行方式会发生哪些改变。

根据行业专家评估，当路上的大多数车辆是无人驾驶汽车时，道路的秩序会变得更好。在大数据和人工智能的指挥下，道路通过率会大幅提升，多数道路拥挤的问题会得到很好的解决。

当路上的无人驾驶汽车超过 50% 时，能够大幅避免人为驾驶中因不遵守交通规则或者路怒症等因素所造成的交通事故。按照世界卫生组织统计，每年在交通事故中去世的人数多达 120 万，而且呈现出逐年增长的趋势。因此，无人驾驶技术将挽救数以十万计的生命。

由于无人驾驶汽车没有司机位，车内空间利用效率会更高。人们在车内乘坐也会更加舒适。无人驾驶汽车在车主不需要使用时，会自动前往停车场，使得路边停车的情况也大幅减少。道路的使用率会更高，道路风景也会更好看。

人们出行的时候，不会再因为道路拥堵而烦躁，可以像在家里或办公室里一样，继续处理业务或者看视频，甚至还可以吃点早餐。出行费用也将大幅下降，无人驾驶汽车节省了司机人工费，也因无人驾驶汽车都是用电力驱动的，比传统燃油车每千米的运行费用更低。由于电动汽车的大量使用，城市空气质量将会大幅提升，人们会享受到更清洁的环境。

美国汽车研究机构曾预测，在无人驾驶汽车出现的五年内，美国私家车的保有量至少会降低 50%。而人们的出行费用也将减少近 80%。下图是未来无人驾驶出行想象图。

»未来无人驾驶出行想象图

其实智能驾驶甚至无人驾驶早已来到我们的生活中。早在2022年7月，北京市就开启了高级别自动驾驶示范区。该项目办公室宣布，正式开放智能网联乘用车“车内无人”商业化试点。允许符合条件的企业提供没有安全监督员的自动驾驶付费出行服务。

首批获批的企业是百度和小马智行，两家公司初期投入了116辆测试汽车。为了让人们更多地乘坐这种无人驾驶出租车，在开始试运营的时候，两家公司都是让人免费乘坐的。

后来两家公司又陆续投入了更多的无人驾驶汽车，仅小马智行就投入了超过200辆无人驾驶汽车。到现在为止，测试里程已经达到数百万千米，订单数也超过数百万人次，好评率达到95%以上。这为未来全面铺开无人驾驶汽车，提供了大量的实际运行数据。

小马智行的高管表示，到现在为止，无人驾驶还没有出现过事故。所以，根据之前的无人驾驶表现，他们相信只需要三年左右的时间，这种出租车将遍布整个城市。

除了北京，上海、广州、深圳、武汉、长沙、重庆、成都等多个城市，都推出了无人驾驶出租车的测试区域。下图是路上行驶的无人驾驶出租车。

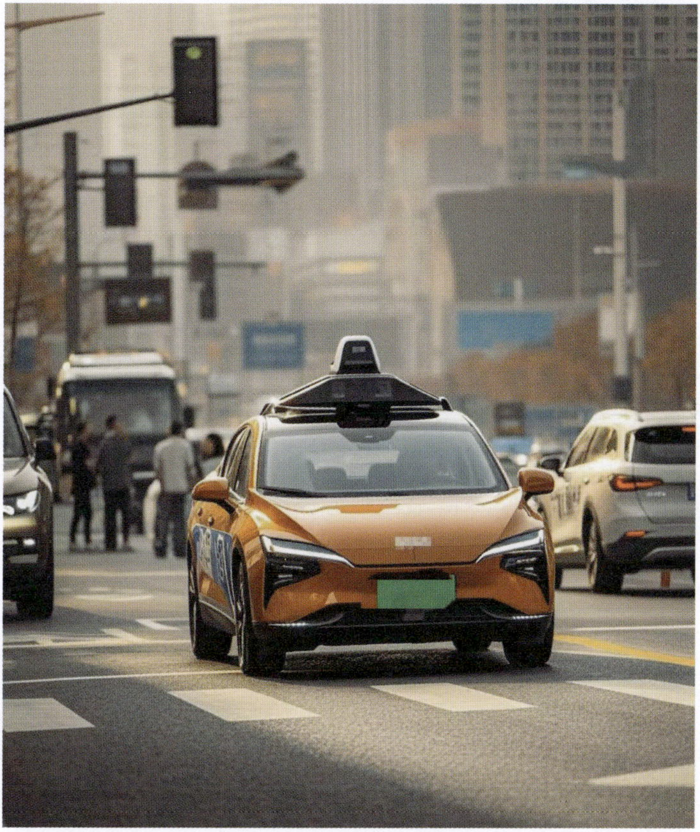

»路上行驶的无人驾驶出租车

在了解智能驾驶技术之前，咱们先要了解法规对无人驾驶的定义。根据工业和信息化部发布的《汽车驾驶自动化分级》，驾驶自动化分为 L0 到 L5 共六个级别，下面分别进行介绍。

L0 代表无任何智能功能，所有控制都必须由驾驶员来完成。

L1 级无人驾驶：驾驶操控为主，系统适时进行辅助。整个驾驶行为还是由驾驶员来操控的，但在特定的时候系统会介入。这个级别的智能功能，有不少读者体验过，比如，ESP 电子车身稳定系统和 ABS 防抱死刹车系统等。这些系统能有效提高行车安全。

L2 级无人驾驶：部分自动化，驾驶员仍需要专注路况。这个级别的无人驾驶开始对方向盘进行部分控制。以沃尔沃的飞行员协助模式举例：它可以在标记清晰的道路上，以最高 130km/h 的速度进行自动辅助驾驶，能够自行识别车道标线、自动控制车辆的转向、保持汽车在车道中央行驶。在遇到前车时能够自动调整速度和距离，让车辆之间保持安全的车距。L2 级无人驾驶系统能够在一定程度上缓解驾驶员的疲劳，特别是在长途驾驶的时候。

L3 级无人驾驶：有条件的自动化驾驶，驾驶员仍然需要随时准备接管车辆的控制权。不过就算到了 L3 级，无人驾驶系统也不能干预车辆的油门、刹车、转向等操作的控制，而且还加载了更多的传感器，能够监控周围的环境，包括其他车辆、行人和障碍物等。L3 级无人驾驶汽车能在特定的道路和交通条件下进行自主驾驶。比如，全封闭的高速公路和交通条件较好的市区道路等。L3 级无人驾驶系统已经具有一定的自主决策能力，能够实现车道保持、交通信号识别等操作。

L4 级无人驾驶：指高度无人驾驶。它就是在特定的环境和条件下，汽车能够完全自主地完成驾驶任务并自主监控驾驶环境，而无须人类驾驶员的干预。这一级别的无人驾驶汽车不光自身要有足够完善的光学和雷达传感器，能够自动规划路线和避开障碍物，而且还要有完备的互联网功能，能够得到高精度地图和导航系统的及时信息。当然，L4 级无人驾驶也存在一些限制条件。比如，车速不能超过一定的速度。对外通信要畅通，能够得到高精度地图和导航指引。原则上驾驶位上要有驾驶员，在需要时能够接管车辆。

L5 级无人驾驶：是无人驾驶的最高级别。它可以在任何环境下实现完整的无人驾驶，不受地理和环境限制。到了这个级别的汽车，必须自身装载人工智能系统，并且受过几乎所有路面情况的处理训练，能够根据实际发生的状况，迅速做出正确的控制决策。

目前，我国的一些车企已经具备了 L4 级甚至以上级别的无人驾驶技术，其中比较具有代表性的是华为的问界等车型。我们无人驾驶发展的瓶颈，主要不在技术上，而在法规上。

当然这也正常，正常情况下，新事物的相关法规会落后于其发展。因为法规需要收集相关领域的实际情况和意见才能形成。

目前，由于我国智能驾驶技术的发展，我们在法规制定方面也开始了相应的动作。比如 2024 年 6 月，北京市经济和信息化局就在门户网站上公布了对《北京市自动驾驶汽车条例》的征求意见稿，面向社会公开征求意见。

等到法规完善之后，无人驾驶将迎来一波迅猛发展。

了解了无人驾驶的级别划分之后，下面将介绍目前智能驾驶领域的技术分支，以及各种技术的发展方向。

4.5 纯视觉技术能看清吗

纯视觉技术是由特斯拉提出的，可以说引起过现象级的影响。那么它的优缺点是什么？有没有技术天花板？这是下面要重点介绍的。

特斯拉的纯视觉技术，是指它只依赖车身上的摄像头去感知、分析车辆周边的环境，并寻找车辆行驶路线等。

它之所以选择这条技术路线，第一个原因是特斯拉的理念认为，如果有纯视觉技术，那么车辆就如同具备了一双能看清周边的眼睛。配合车内的智能驾驶系统，甚至可以像人一样自行选择道路，而不用深度依赖地图导航。又或者在没有电子地图的地方，也可以像人类驾车一样，根据当时的情况选择一条道路。

第二个原因是成本。如果结合了雷达技术，那么必不可少地要装上激光雷达。在特斯拉推出纯视觉技术的年代，激光雷达实在是太贵了，一个激光雷达要两三万美元，大约相当于十几二十万元人民币。这会给智能驾驶带来巨大的成本负担。

马斯克按照西方国家产品的降价速度，预判了激光雷达的价格走势，认为就算用十年的时间，激光雷达的价格也不可能降到车企能接受的程度。为了不让激光雷达延误了无人驾驶的发展，再加上纯视觉技术非常具有高科技感（事实也是如此），所以特斯拉最终选择在纯视觉技术的技术路线上狂奔。

但是马斯克同样犯了日本车企的毛病，低估了中国制造对高科技产品成本的降低能力，以至于现在纯视觉技术走到了一个尴尬的地步。我们对成本控制的能力到底有多强，在这里“挖个坑”，后面再给大家填上。

特斯拉车辆的标配是八个摄像头，但各款车型上配置的摄像头数量略有不同。比如，Model S 和 Model X 就配备了十二个摄像头。

特斯拉依仗这些摄像头，使它的车辆具有了 360° 无死角的视野，再加上强大的视觉处理能力，车辆能够感知最远 250 米范围内的环境变化。车辆的各摄像头的作用分别是：前视窄视野摄像头，最大监测距离 250 米；前视主视野摄像头，最大监测距离 150 米；前视宽视野摄像头，最大监测距离 60 米；侧方前视摄像头，最大监测距离 80 米。下图是特斯拉标配摄像头的视野示意图。

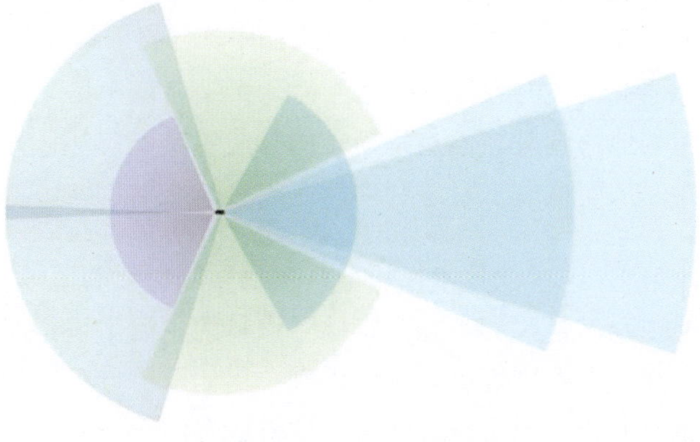

»特斯拉标配摄像头的视野示意图

特斯拉在推出纯视觉技术后，确实让人感受到了这个技术的优点。比如，整车的成本更低、自主感知能力更强，而且对电子地图的依赖性也小。再比如，在无信号的车库内智能驾驶系统也能将车辆自行开出，实现停车的智能召唤。不过随着应用场景的增加，特斯拉的纯视觉技术开始暴露出它的短板。

由于纯视觉技术的原理是光学感应，必然存在一些特殊的环境会影响光学设备的操作。比如，美国交通部门就做出过统计，采用了特斯拉自动驾驶技术的汽车最容易出现事故的情况之一就是进出隧道的时候。

经常开车的朋友都知道，在进出隧道的一瞬间，由于光线的急剧变化，会造成我们的视觉出现短暂的盲视。对于摄像头也一样，它们在光线变化强烈的时候，需要调整控制进光量的光圈。这种调整会带来车辆对外界环境感知的延迟。如果隧道进口处恰好有一辆汽车发生了故障，那么就有可能发现不了这种危险情况。

另外，现在的人工智能无法像人类的大脑一样准确地分析物质，从而会造成误判。比如，2022 年旧金山的一位特斯拉车主曾投诉，他在驾驶时发现车的前方有一个塑料袋，这个塑料袋根本不会影响他的驾驶。但是特斯拉的智能驾驶系统却认为它是一个障碍物，从而采取了紧急制动，造成后车追尾。

由此可见，纯视觉技术很难分辨出物质的材质和薄厚等信息。人眼能够识别，是因为大脑中存储了海量的生活常识。既然是视觉识别，那么有些图像就容易被误判。比如，前方车辆的颜色和某一段路面的背景色重合，纯视觉技术就有可能分辨不出来。

同样还有误报障碍物的，除了前面提到的塑料袋，有时候对比强烈的阴影也会被纯视觉技术判定为障碍物。这也是多名特斯拉车主投诉他们的座驾有时候会突然莫名其妙地刹车，给后面的车带来危险，甚至造成追尾事故的原因。而且，这种现象并不是少数，以至于专门出现了一个词，叫特斯拉的“幽灵刹车”。

还有一些情况，也是纯视觉技术难以甚至无法解决的。比如，路面上有一片积水，那么这片积水到底有多深？车辆能否安全通过？积水下面是平坦的路面，还是有沟和坑等。再比如，有行人突然从道路两旁停放的车辆前面出现，也就是咱们驾驶员俗称的“鬼探头”，这种情况即使摄像头马上看见了行人，也有可能来不及做出处理。

另外，在雨、雪、雾等恶劣天气环境下，摄像头的观察距离和清晰度会受到影响。其中包括前车溅起的泥沙，万一正好遮挡在摄像头前面等。这些外界物理级别的影响很难依靠视觉技术的进步来解决。

4.6　视觉不够雷达来凑

与特斯拉不同的是，我们的车企在一开始就选择了雷达加视觉的方案。

但是前面说过，选择雷达加视觉的方案，离不开激光雷达。因为激光雷达的优势在于其高精度、高灵敏度和抗干扰性。相对于其他的传感器，激光雷达受光照条件影响小，可靠性和精确性都更高，不受环境光的强弱和物体色彩差异的影响，具有很高的稳定性。在工业领域这种稳定性被称为健壮性，意思是不容易受到周边环境的影响。同时，激光雷达测量被测物空间距离的时候，速度更快，结果更准确。

既然绕不开激光雷达，那么我们的车企也同样要面对激光雷达过于昂贵的情况。我国的汽车人是如何面对难题的呢？结论就是有难关就想办法克服。

从 2018 年开始，我国多家车企开始研制激光雷达。华为在武汉组建了 10 000 多人的光电技术研究中心，专门针对激光雷达进行研究。不仅要研究出我们自己的独有技术，更重要的是研究出如何在保持性能的前提下，大幅降低激光雷达的成本。

用更少的钱做同样的事情，这在工业领域的难度往往不低于攻克某种技术。2020 年，华为推出第一个 96 线激光雷达，到了 2021 年，中国激光雷达的价格降到了 10 000 元人民币。然后每年一个台阶地往下压低成本。2022 年降到 4200 元，2023 年华为推出了全球最高 192 线的激光雷达（如下图所示），其价格已经降到了 3000 元。这下原本高不可攀的激光雷达，顿时成了大多数车型都配得起的关键零部件。

»华为的 192 线激光雷达

不过即使把成本降低到这个程度，汽车人依然不知足。华为的武汉光电技术研究所的目标是将激光雷达成本降低到人民币1400元以下，而另一个车企巨头比亚迪，更是喊出要把激光雷达的成本降低到人民币900元以下的口号。这下我们的智能驾驶汽车，将不用再担心配不起高端雷达的问题了。

以华为的问界车型为例，现在中国车企的雷达加视觉组合往往由以下传感器组成。

第一种是顶置激光雷达。主要作用是高精度测距和三维成像，能够实现对静态目标的全场景、全天候感知。可以识别道路上的不规则物体和其他动态、静态目标，提供高精度的环境信息，帮助车辆进行决策规划。

第二种是毫米波雷达。主要作用是检测车辆前方或其他方向上的障碍物和车辆，能够提供距离、速度等信息。

第三种是高清摄像头。主要作用是识别车道线、红绿灯、路标和行人等，为车载智能驾驶系统提供视觉信息。高清摄像头与激光雷达和毫米波雷达配合，能够提高对环境的理解和反应速度，增强智能驾驶系统的安全性和准确性。

第四种是超声波雷达。这种雷达的探测距离比较近，但是非常便宜，传统燃油车所使用的倒车雷达就是这种雷达。所以超声波雷达被用于驻车辅助和近距离障碍物检测，为智能驾驶系统提供精确的距离信息。

这样的组合使我们的智能驾驶系统不再存在死角，包括之前向读者介绍的对路面积水的感知。

激光雷达在判断路面积水深浅时，可以通过发射激光束到路面，然后根据反射信号的强度和时间差来判断水体是否存在和水体的深度。当激光雷达检测到路面反射的激光信号强度突然增加且反射时间延长时，可能意味着路面存在积水。即使是在比较复杂的环境下，包括强光、夜晚、雨 / 雪 / 雾等恶劣天气条件，激光雷达仍能完成自己的工作。像苏州图达通智能科技公司研制的激光雷达，其最大探测距离可达 500 米，还可以更准确地判断路面积水的深度和范围。

激光雷达不仅应用在汽车上，而且现在基于激光雷达技术已经开发出多种监测设备。在发生严重积水时，激光雷达会发出报警信息，除了提示行人和车辆注意，还能帮助城市有关部门进行城市内涝监测。让城市管理者可以及时了解城市内涝情况，评估积水的风险及做出排险的方案等。所以，一个行业的技术进步往往能带动多个领域的服务提升。

同时，其他行业的进步也会推动某个特定的行业发展。比如，电动汽车的发展能带动锂电池技术的进步，智能驾驶的发展也会大幅推动人工智能技术的进步。

在智能驾驶汽车内，会装载智能驾驶的人工智能驾驶程序。但这个程序不是一次就能完善到位的，它跟人类驾驶员有点儿像，就是要在驾驶活动中通过经历各种路面情况，慢慢学会如何应对。

人类练习驾驶技术是靠上路行驶，那么智能驾驶程序是如何让自己的驾驶技术提高的呢？也是上路行驶。只不过它的学习效率要比人高多了。因为上路的不是它一个，而是千千万万辆装载了智能驾驶系统的汽车。

每辆装有智能驾驶系统的汽车，都会将每天的驾驶数据上传到云端数据库。之后云端的人工智能驾驶大模型会根据这千千万万辆汽车在路面上遇到的各种情况，以及处理的方式和最终的结果，不断完善驾驶技能。等到技能上一个台阶，就会再通过互联网，把新技能下载到千千万万辆汽车的智能驾驶程序中。这也是为什么智能驾驶汽车每过一段时间就会收到系统软件更新包。

这时候可能有朋友会担心，如果我的驾驶数据都被上传到云端，岂不是我的个人隐私都没有了？这点儿不用担心，国家有关部门已经出台了相关法规，要求车企只能将与智能驾驶有关的直接数据上传到云端，非直接信息必须经过脱敏处理，且脱敏后的信息无法再被复原。

这是什么意思呢？就是上传到云端的只有车辆行驶的状态、驾驶员操作的记录、遇到的路面情况及处理的方式和结果等。至于车辆行驶的具体路线，车内的对话和影像等则未经车主同意不允许上传。即使车主同意，上传时也会对车主进行明确的提示。车辆周边的人员脸部信息、车辆牌照信息等，在上传前必须进行模糊处理，比如打上足以掩盖真实画面的马赛克。而且这个模糊处理必须使用多重随机算法，无法用技术手段进行还原。

当然，车企是否做到了这一点，不是车企自己说做到就行的，需要经过有关部门指定的机构进行测试，证明完全符合了法规要求才可以。因此大家放心，车企只能得到让人工智能驾驶大模型进行学习的最低限度的信息，你的个人隐私信息只会保存在你的车辆本地。

有了这些海量的驾驶信息，人工智能驾驶大模型自然会快速成长起来。不过这里还有一个问题，那就是如何让人工智能驾驶大模型学会应对那些道路上只有极小概率发生的情况。这种极小概率发生的情况，有个专用词叫 Corner Case。比如，道路上有时候会出现运树车。这些车有的时候会不按照要求装载，使得枝叶茂盛的树冠倒下且遮住了整个车辆。那么这个时候在智能驾驶系统看来，就是路面上出现了一棵正在移动的树。再比如，运送车辆的拖车或货车，规定中，上面装载的车辆必须按照一致的方向摆放。但有的运输公司没有严格执行这个规定，随意摆放装载的车辆。这样在智能驾驶系统中就会看到前面既有车尾又有车头。这就会给智能驾驶系统带来混乱。还比如所谓的路怒症，有人因为某个事情情绪失控，把车停在路中间就跳出来与人发生争执。这也会让智能驾驶系统疑惑，路上怎么突然间出现了一个人。

其他还有小动物，比如猫或狗，突然从路边草丛中窜出并横穿马路等。这种小概率事件，因为大多数时间遇不到，所以很难通过收集车辆行驶信息的方法来学习。这又应用了人工智能的另一个能力，就是场景虚拟重构。

还是拿华为举例，它的盘古汽车大模型中就具备了 Coner Case 的学习模型，能通过场景虚拟重构的方式，让这些小概率事件以不同的方式重复出现，然后让智能驾驶系统反复学习如何应对。根据华为的介绍，只需要几小时，盘古汽车大模型就能够学会一种 Corner Case。

到此，大家大致能够了解到，智能驾驶技术是多重新技术的组合，包括了视觉技术、雷达技术、人工智能技术等。因此，此项技术的进步代表多个领域的技术都在取得同步提升。

5

第五章

机器人

机器人，估计会是新质生产力中最具象化出现在人类生活中的东西，因为它不像人工智能和芯片一样装载在我们所使用的产品中。哪怕是智能驾驶，也是以传统的汽车外形来表现的。但机器人不同，它会以独立的形象出现在人们的生活中，看得见也摸得着。它也会是未来十年内，改变大多数人生活方式的一种高科技工业品。

它是会给人们的工作和生活带来便利，还是会像美国大片中描述的那样，带来未知的恐惧呢？

其实所谓的恐惧，往往都来自未知。下图是人形机器人。

»人形机器人

让我们从它发展的过程及所涉及的技术，看看机器人会给我们带来什么吧。

5.1 什么算是机器人

并不像咱们一般人想的那样，只有长得像人的，才叫机器人。其实这只是机器人的一个分支，叫人形机器人。

按照工业上的定义，所谓机器人就是能够按照人类的指令或者预先编制好的程序，自动执行任务的人造机器装置。它的作用是取代或协助人类工作。机器人的组成一般会以机电装置为主，由计算机程序或电子电路控制。

为什么是以机电装置为主呢？因为现在医学上出现了一种新的机器人分支——纳米机器人，它是以生物细胞为组成结构的。

很多朋友在酒店都碰到过往房间送东西的机器人。不少人觉得很神奇，因为这种机器人可以自动避让路上遇到的客人和障碍，可以自主呼叫电梯，并且清楚地知道哪部电梯到了，而且还能感应到电梯中是否有乘客，并提醒乘客注意。到达指定楼层后，这种机器人还能自动找到指定的酒店房间，并且自主拨打房间电话，让客人开门取东西。下图是酒店送货机器人。

»酒店送货机器人

其实这种机器人在工业领域早就有应用了，叫自动寻址 AGV 运输车。以前在一些比较先进的车间会配置这种运输车，上面的托盘装载各种加工主料和辅料，这种车会根据指令将这些主料和辅料送到需要的工位上。

这种车也有低配版，就是在地上贴上磁条，然后车循着磁条走在固定的路线上。这种车适合路线固定的场合，能够减少传感器数量，减少路径偏差错误，还能降低车的制造成本。下图是车间内的 AGV 小车。

»车间内的 AGV 小车

还有大家都见过的，汽车产线上那些忙碌的机械手，它们也属于机器人的范畴。在很多产线上，机械手的作用是替代人类完成一些相对固定、重复的工作。它们能持续地工作，不需要休息，也没有什么加班不加班的区别，特别适用于工艺相对复杂的流程制造或者工艺相对简单的离散制造。下图是汽车产线上的机械手。

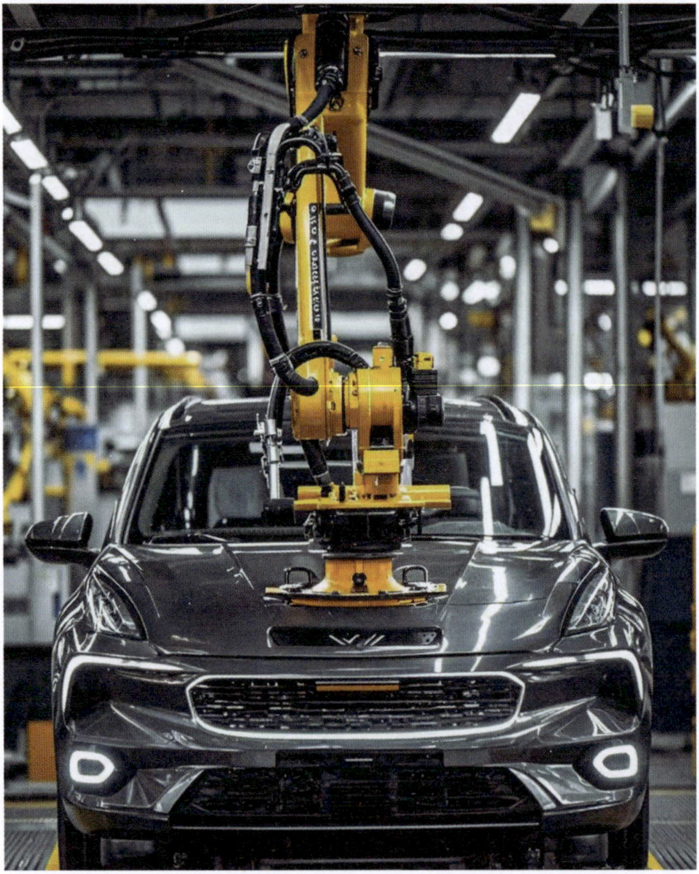

»汽车产线上的机械手

其实家庭生活中早就有机器人产品，比如不少家庭都会使用的扫地机器人，如下图所示。它就可以通过激光扫描头自动扫描房间的空间，并对房间结构进行建模，同时规划最佳的清扫路径。

»扫地机器人

在清扫过程中，还能做到对沿途家具和人体的避让，即使原本空旷的区域内突然增加了家具，比如临时摆了个凳子，扫地机器人也能重新规划绕过凳子的路线。

现在更高级的扫地机器人还附带了摄像头，通过视觉识别算法，分辨出需要清扫的区域到底是什么样材质的地面，比如地毯和木地板等。不同材质的地面会有不同的清扫方式。

这也是之前第二章谈到的，人工智能算法会被应用到不同的领域。

由此可见，机器人技术涉猎的学科非常广泛，包括机械、电子、控制、计算机、传感器和人工智能等诸多学科。所以，别小瞧一个小小的机器人，它所具备的科技含量往往能体现出一个国家系统性的技术能力。

目前在国际上，能把机器人搞出彩的，也就只有中美两国。

5.2 机器人的成长史

1959 年，世界上第一个可编程的机器人 Unimate（中译名为尤尼梅特）在美国诞生，意思是“万能自动”。它是世界上第一个工业机器人。这个机器人虽然能做的事情非常简单，但却是人类第一次让机器具备了一定的编程能力。

1961 年，尤尼梅特被应用在通用汽车的生产车间。它所做的工作非常简单，就是将汽车零件从物料箱中取出，并放置到传送带上。现代机器人所需具备的自动感知外界环境、与作业环境中的其他设备进行交互等能力，它一点儿都没有。下图是第一个工业机器人尤尼梅特。

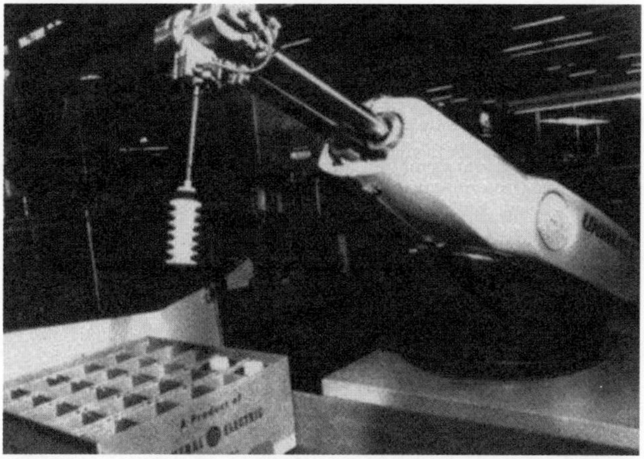

»第一个工业机器人尤尼梅特

但就是它的出现，让人们看到了机器人替代人类的好处。机器人能够完成一些单调、重复的操作，而且比人的效率高，错误率也大幅下降。

到了 1966 年，斯坦福大学研发出第一个可移动机器人 Shakey，从此赋予了机器人能够行动的能力。

第一个可移动机器人采用轮式移动方式，有两个主动轮加上两个从动轮。但它并不是简单地加上了轮子，因为机器人需要移动到指定的位置，所以必须具有识别道路和准确的定位能力。因此，在这个机器人身上，科学家们开始应用视觉识别传感器、超声距离探测传感器等设备。同时，计算机也会处理由这些传感器收集的信息，从而对机器人下达行动指令。

由此大家也能了解到，机器人能有今天，是因为多个领域的技术都进步之后的成果汇聚。

5.3 技术路线决定产品天花板

说起机器人的技术路线，其实大致可以分为两类。一类是需要人类遥控的，另一类则是能按照人类指令自主完成某些任务的。

在这两类机器人中，第一类中比较具有代表性的，是手术机器人，以及天宫太空站上使用的可行走的机械臂等。下图是手术机器人。

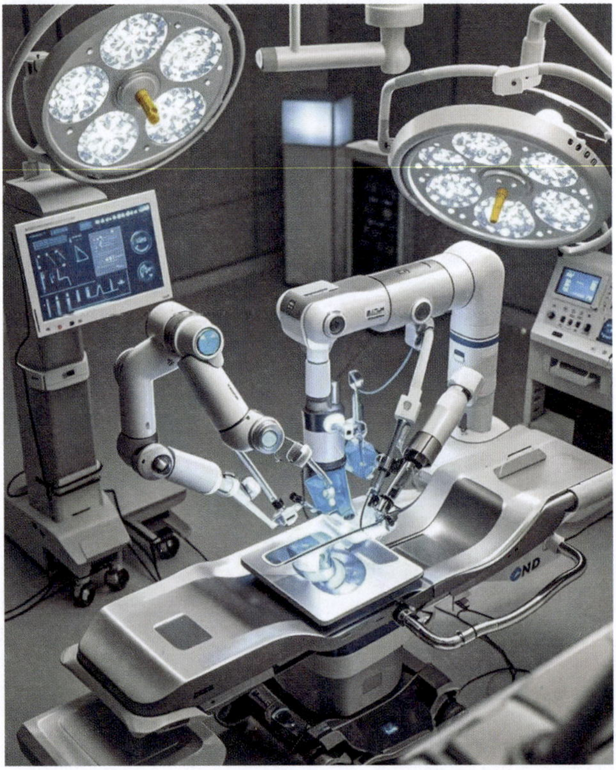

»手术机器人

第二类中比较有代表性的，是大家耳熟能详的机器狗和人形机器人。下图是机器狗。

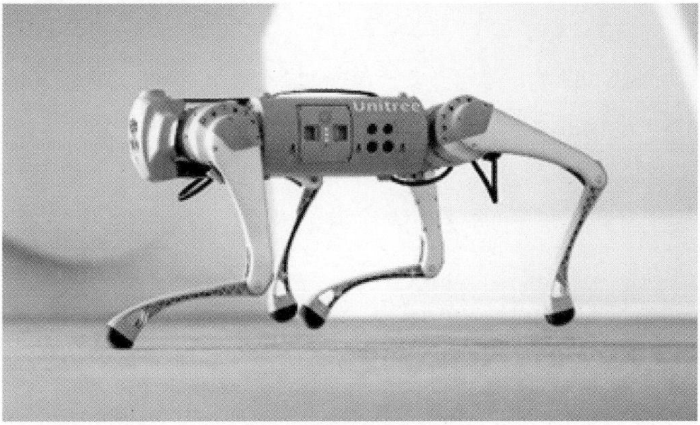

»机器狗

这两类机器人所涉及的技术领域并不完全相同。在一些特定领域，需要不同的机器人来完成工作。下面以手术机器人举例。

我们的手部运动会受到关节限制。也就是说，手指不可能随心所欲地转向任意方向。所以，医生在对患者体内的器官进行手术的时候，需要在患者肚子上切开较大的口子，这样才能让医生的手有操作空间。即使医术再精湛的医生，也只能做到比其他医生的切口小一点儿，但不会有本质上的变化。切口大了还会带来其他问题，比如出血量会增加，患者伤口容易感染，而且大伤口不易恢复，需要患者长时间卧床休养等。

另外，医生受到年龄、体力等因素的影响，会出现手抖或者动作不那么准确等情况。这给手术过程带来了难以预测的隐患。而用手术机器人就不一样了，给患者开刀时可以只开很小的口子，让机械臂进入人体内即可。而且使用机械臂操纵的手术器具，能够对 360° 范围的空间进行操作，比人类的手指更灵活和准确。

不可否认的是，我们每个人所处的城市不同，医疗资源差异较大。大城市的专家医生会相对更多一些，高级的医疗设备也会更多一些。这样就造成一些偏远地区的患者往往需要花很多的时间和费用，到大城市的几家大医院看病。

手术机器人的出现能很好地解决这些问题。现在医生能够在遥控室操纵千里之外的手术机器人，为患者进行手术。2024 年 7 月 23 日就发生了这样一件事。一名远在喀什的 60 岁患者，需要进行左侧肾盂输尿管成型手术。这种手术的过程相当复杂，要完成切除梗阻、精密缝合、引流、闭合切口等一系列操作，而当地的医生无法独立完成这台手术。于是喀什医院通过之前安装在医院的国产手术机器人，向 5000 千米之外的珠海中山大学附属第五医院求助。最后由林天歆院长亲自操作，在遥控室完成了这台跨越数千千米的手术。

这个机器人的图像延时最长不超过 70 毫秒，这跟在手术床旁边亲自操作的感觉基本一样，以至于林院长不仅能从容地完成这台手术，而且还有精力对现场的喀什医院专家们进行手术细节讲解，真正做到了治疗和教学两不误。下图是远程手术场景。

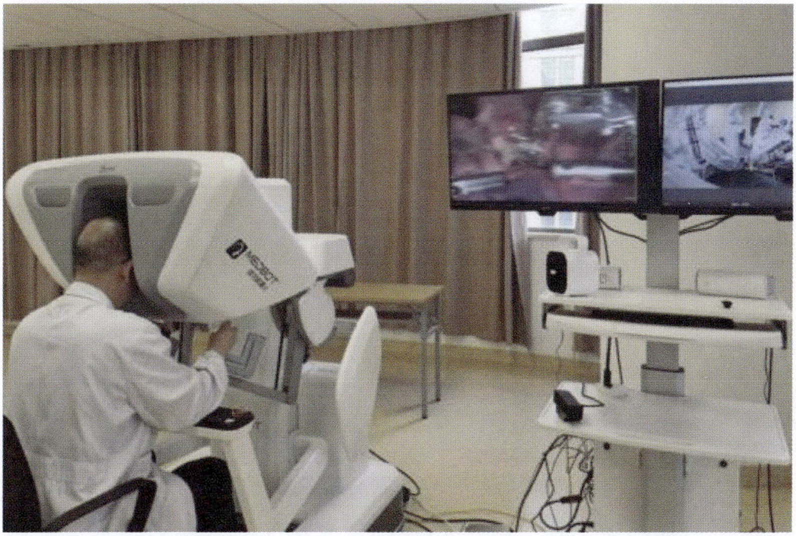

»远程手术场景

这台手术的结果也能让大家了解到手术机器人的好处。由于手术机器人所需的操作空间远比人类手指需要的少，因此手术只用切开一个很小的口子，如此复杂的手术，术中出血还不到 10 毫升。更小的伤口也能让患者恢复得更快。术后第二天该患者就可以下床活动了。

虽然手术机器人只是医生的操作执行者，但其中的技术含量可一点儿也不低。

下图是国内首款单臂单孔机器人，也就是只需要一个机械臂进入人类体内，就能完成手术。这使得切口特别小。

»国内首款单臂单孔机器人

想要做到单臂单孔，必须掌握九轴联动多级传动、单臂集成设计等高端技术，而且我国还独创了一种叫“肘关节藏袖”的技术。“肘关节藏袖”技术就是让手术器械半隐在套管内进行操作。这样就能够有效地避免对周围器官组织的损伤。同时，还要掌握图像的低延时技术、5G 高宽带音视频同步技术，以及微小范围操作技术、手术导航技术等。

这台目前世界距离跨度最大的手术，标志着我国在医疗仪器领域处于全球先进行列。

下面也顺便给大家介绍一下，在我国拥有自己的手术机器人之前，国际上有一个大名鼎鼎的品牌——达芬奇手术机器人。它在国外的售价是 150 万美元，也就是大约 1100 万元人民币。但是它被卖给我国的时候，售价是 2000 万元～ 2300 万元人民币。等到我国拥有了自己的手术机器人后，达芬奇手术机器人的价格开始大幅下降，目前售价大约是 1400 万元人民币。

所以我国的工业进步与每个国人息息相关。因为如果用更高的价格去购买医疗设备，那么这些高昂成本必然会分摊到每位患者的手术费中。

当然我国现在的手术机器人远不止这一种。在2024年5月，武汉大学中南医院联合中国人民解放军总医院，用国产精锋腔镜手术机器人完成了一台跨越北京和武汉1200多千米的妇科手术。而且，在第36届国际妇科内镜学会上，向与会的专家们进行了全球首次妇科手术直播，如下图所示。

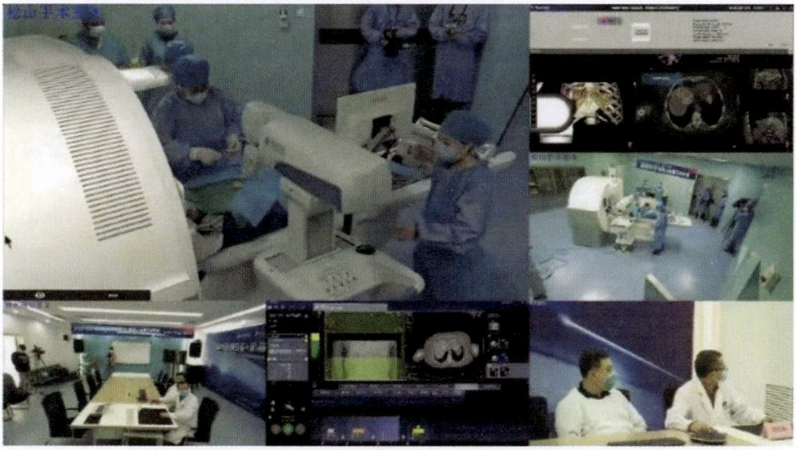

»中国妇科手术直播

另外，我国还有天玑骨科手术机器人，技术已经更新到第三代。它的特点是能帮助医生，对需要医治的骨骼实现骨科手术的精准导航定位，并由机械臂提供稳定的定位把持和通路，确保植入物的微创、精准植入。

比如，在骨科手术中，常见的治疗方法之一是给断裂的骨骼打上固定钢钉。如何才能用最少的钢钉打在最正确的位置，既能帮助骨骼生长，又能减少患者的痛苦？这一直是对骨科医生经验水平的考验。

而骨科手术机器人能为医生提供患者的实时 CT 影像，还能建立三维模型，这样医生就能很清晰、直观地看到患者骨骼的结构和受伤情况。同时，机器人的智能系统还能为医生提供手术规划和建议。

在医生确定了置钉方案之后，骨科手术机器人就能自动定位置钉的位置，并根据规划路径精准置入钢钉。这种操作的精度极高，误差在亚毫米级，医生若没有经过长期训练，很难达到这样的操作精度。这样做也能极大地避免对周围神经和血管造成损伤，提高手术安全性。

这种骨科手术机器人算是目前普及率最高的手术设备之一。到 2023 年年底，其已经完成了 5 万多例手术。

守护我们健康的，不仅有医术高超的医生，还有不断进取的工业人。下图是国产手术机器人。

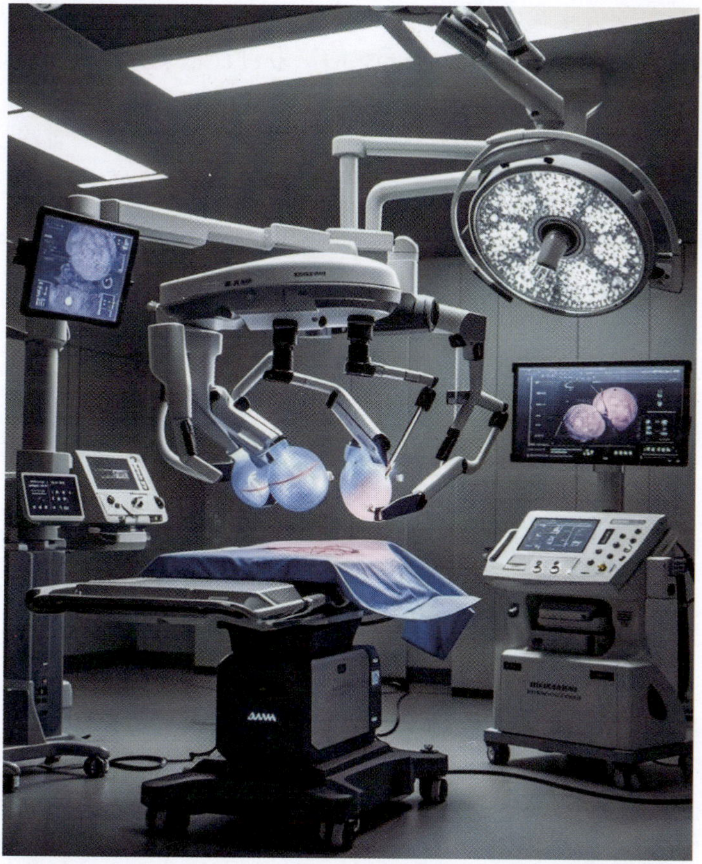

»国产手术机器人

介绍完手术机器人，下面开始介绍能够自主完成人类指令的智能型机器人，其中最有代表性的就是人形机器人和机器狗。

说起机器狗，最早来自一家美国公司，其名字并不陌生：美国波士顿动力。而机器狗则是一个美国军方项目。2005 年，美国国防部国防高等研究计划署（DARPA）出钱，联合 NASA、哈佛大学及美国波士顿动力等机构，共同立项研发一种四足机器人，当时给这种机器人起的名字就叫 big dog（大狗）。

很快美国波士顿动力就研制出第一代产品，还给当时的型号另起了一个小名，叫斑点。下图是美国波士顿动力的“斑点”机器狗。

»美国波士顿动力的“斑点”机器狗

这个项目的初衷是在轮式车辆和履带车辆难以通行的复杂地形中，为美军尤其是特种作战小队运送武器弹药。在当时，造出第一代机器狗是相当不容易的。因为那时候机器狗四足行走时的自平衡技术、周边环境感知技术及路径自主规划技术等，都处于发展的雏形阶段。

当时美国波士顿动力所掌握的技术可谓是在行业内遥遥领先，那么为什么到今天，它的优势反而越来越少，甚至在某些领域开始落后了呢？这就涉及工业发展的一个重要因素——技术路线的选择。

现在有句俗话：选择比努力更重要，方向错了，越努力可能越失败。这用在工业领域，相当正确。当年智能手机替代功能机、数码相机替代胶片相机，都是技术路线的选择。而从当年的摩托罗拉、诺基亚、柯达等大型公司的经历中也能看出，一旦技术路线选择错误，再有实力的公司也会失去曾经拥有的市场。

美国波士顿动力除了研制出机器狗，还研制出多种衍生型号，包括人形机器人。2009 年，美国波士顿动力研制出第一代类人机器人佩特曼（Petman）。研制它的初衷是为美军试验和测试各种防护服装及防护装备。它能够行走，而且还能够跨越一定高度的障碍物。该机器人的动力来自一个带有液压系统的汽油发动机。

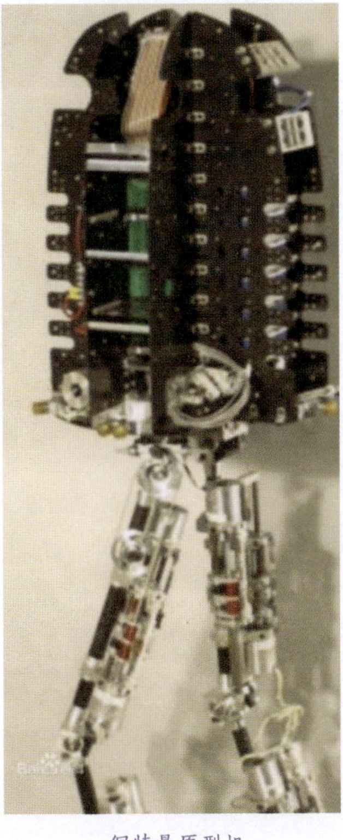

»佩特曼原型机

佩特曼已具备初步的自平衡技术，即使在受到外界冲撞（当然撞击力度不能过大）时，它也能自己保持平衡站立。

佩特曼的行走速度可以达到每小时 5.1 千米，这已经与人类正常行走的速度差不多了。右图是佩特曼原型机。

后来经过不断的改进，佩特曼的样子越来越与人类相像，而且它能做出的动作也越来越复杂。让美国波士顿动力最出彩的，是它在 2013 年 7 月向公众展示的人形机器人 Atlas。这是由美国国防部国防高等研究计划署（DARPA）资助和监督的项目。下图是美国波士顿动力人形机器人。

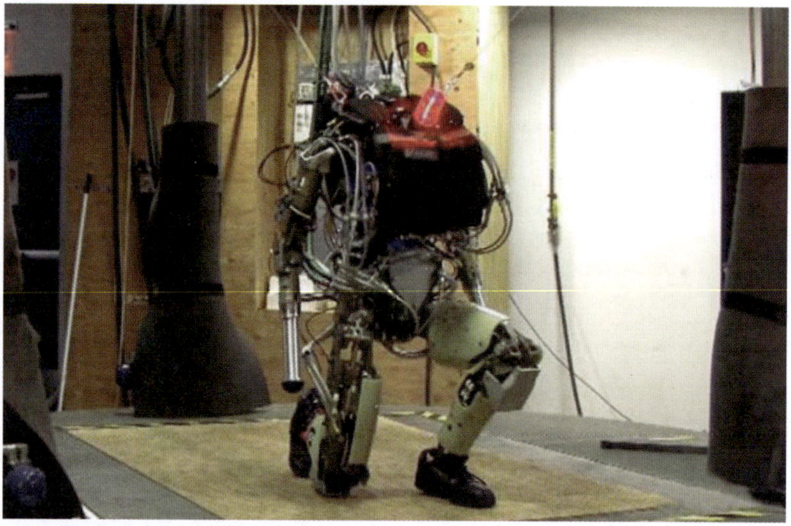

»美国波士顿动力人形机器人

Atlas 身高 1.8 米，重量大约 80 千克。在它身上应用了最新的视觉识别技术、机身定位平衡技术、机械液压传动技术等。更关键的是，首次将人工智能技术应用到了 Atlas 身上，不过那时候还不叫人工智能而叫深度学习。

当时的 Atlas 算是人形机器人领域的巅峰之作。它有 28 个液压关节，由多组液压机构驱动。由于液压系统的扭矩很大，所以机器人的动作也非常有力。它可以跑出每小时 9 千米的速度，已经能够媲美一般人的长跑速度。而且因为具有深度学习的能力，它可以像人类那样，做出跳跃、向上攀爬、空中360°转体，以及后空翻、倒立等一般人不一定能做出来的动作。下图是最后一代Atlas。

»最后一代 Atlas

不过就是这样一款曾经的业界顶流产品，却在2024年4月由美国波士顿动力宣布退役，从此进入机器人博物馆。这是为什么呢？因为到了此时，美国波士顿动力才发现，他们选择的技术路线是错误的。

美国波士顿动力在选择人形机器人和机器狗的动力方式时，一直采用的是发动机带动液压机械传动装置的方式。这就带来了几个机械传动结构难以解决的问题。比如，噪声和振动都很大、机器人的体型难以缩小等。

以机器狗“斑点”为例，当时美军在收到它之后，对它庞大的体型感到不满意，并给它起了个外号“机器骡子”。机械传动结构的噪声和振动同样让美军不满意。之前介绍过，这个项目的初衷是为美军提供在车辆无法通行的道路上帮助携带更多物资的能力，而且最有可能的应用场景就是伴随美军潜入敌后的特种作战小队。

“机器骡子”发出的巨大噪声很容易被敌方发现，而且由于它体型过大，在山路上行走也受到了极大的限制。种种原因导致美军最后放弃了机器狗“斑点”。

2024 年，美军测试使用机器人携带武器进入战场辅助作战的时候，居然是从亚马逊网站上购买的中国制造的机器狗。结果此事被美国记者爆出，使美军很尴尬，如下图所示。

»美军测试用机器狗携带武器，结果被美国记者发现机器狗是中国品牌

毕竟美军才是第一个提出使用机器狗思路的，结果最后却没用上自己国家造的机器狗。这也被中国网友说成“美国写 PPT，中国来实现”的一个很有意思的例子。

那么中国为什么能后来者居上呢？因为中国的研发企业很早就放弃了液压机械传动方案，而是选择了全电驱方案。

用全电驱方案的好处很多，首先能够将机器人做得很小，比如美军测试用的机器狗，是由中国宇树科技公司研制的。它加上电池组之后，整机重量也仅有 12 千克，非常轻巧。电机运动时也非常安静，与机械运动相比，几乎可以算是无声。这也成了全电驱方案的一大优势。

更重要的是，采用全电驱的机器狗和人形机器人，对指令的执行非常敏捷，不存在液压机械传动无法解决的延迟问题。由于不需要齿轮组来调整力矩和力的方向，其也能做出更加复杂的运动。以往“液压机械狗”难以做到的动作，在“电驱机器狗”这里，就是轻轻松松小菜一碟。

那么之前美国波士顿动力为什么没有采用全电驱方案呢？因为以前的电驱技术存在一个很大的问题，就是扭矩不够。用通俗点儿的话说，就是电驱方式能够输出的力不够。

但随着我国电动汽车的发展，电机的各项技术都在同步进步。比如，电机减速器、无刷电机，特别是直驱式电机等领域的技术提升，给机器人产业的发展带来了新的技术路线。

机器人三大件包括伺服电机、减速器和控制器，机器人的动力来源就是伺服电机和减速器。为什么要把这两者结合起来呢？

这是出于传统伺服电机的运动特点考虑的。

玩过电动玩具的人都知道，电机具有极快的转速，但是它的力量不是很大。这体现了传统伺服电机转速高、力矩小的特点。而且电机只要开始转动，就会达到一个较高的转速。这些特点给机器人控制带来了一些麻烦。因为机器人在很多时候需要做出精准而缓慢的运动，同时又要具有比较大的力量，比如能抬起一定重量的物体。

之前的技术方案是用减速机来帮忙实现的。它通过复杂的齿轮组，将电机旋转的高速根据需要减到设定的慢速，同时增加扭矩，也就是加大机器人的动作力量。

与传统的液压机械驱动方式相比，虽然用减速机来帮忙实现减少了变速箱，但是基础的动力输出原理没变，尤其是齿轮组运动时依然会有较大的齿轮碰撞和摩擦的声音。

那有没有办法绕开减速机呢？有，那就是直驱式电机。它能够做到转动的速度很慢而驱动的力矩又很大。这就可以直接作用于机械臂和机器人的运动。这种直驱式电机，不仅因为不再需要使用减速机，所以能让机器人的成本大幅下降，同时也解决了齿轮组相互摩擦时会产生噪声等问题。

在 2019 年，哈尔滨工业大学和格力等企业联合，研制出高性能直线伺服电机及相关的驱动技术。由于采用了分段磁隔、移相重组等技术，经专家组鉴定，我们的直驱式电机技术位于全球先进行列。而这几年，我国直驱式电机企业每年的增长速度都在 30% 以上，企业数量已经超过五十家。

有了完善的产品供应链，我们的机器人研发企业敢于使用最新的技术。比如，机器狗代表企业之一宇树科技，在开发其机器狗产品时，就开创性地使用了外转子无刷电机直驱的传动方式。这种方式使得宇树科技在全球开创了全自由度四足机器人的先河。

而且由于直驱式电机控制更灵活、运动反应更灵敏，因此宇树科技的机器狗在实际应用中表现出优秀的机动性能和稳定性，不仅能够通过各种复杂地形，而且可以完成高难度的动作。这使得机器狗可以帮助人类，在灾后、危险等环境执行救援、探测、运送补给等任务。下图是宇树 B1 机器狗随消防员探查震后废墟的场景。

»宇树 B1 机器狗随消防员探查震后废墟的场景

之前说的美军用以测试携带武器的机器狗，是宇树科技的另一个产品系列。当然，中国机器狗最露脸的时刻是随同解放军一起参加中国 – 柬埔寨联合军演，如下图所示。

»中国 - 柬埔寨联合军演上亮相的中国机器狗

正是因为看到中国技术路线正确，美国波士顿动力在 2024 年 4 月宣布最后一代液压机械传动机器人 Atlas 退役的同时，也宣布公司从此放弃液压机械传动技术路线改走全电驱技术路线。这相当于美国波士顿动力前十几年的努力都付诸东流了。

这里不得不说一句，中国工业发展迅猛的原因之一是，我们在新质生产力领域几乎没有点错过科技树，包括大家都知道的新能源汽车。

日本可以说是新能源汽车的开创者，但它用了二十多年的时间爬氢能源汽车的科技树，以至于到现在反而落后了。这也是后发优势的具体表现。在工业领域，虽然中国在很多技术领域都曾经落后，但这也使我们看清楚了前人技术路线的优缺点，使我们在选择技术路线的时候能够更有依据地做出正确的选择。

5.4　机器人的冷知识

下面介绍机器人相关技术中的一些冷知识。

5.4.1　为什么机器人的四肢总是伸不直

先说一个有意思的事情，有没有朋友觉得机器人的动作很怪异，它们的四肢似乎总是伸不直。如果说的是下肢，大家可能好理解，毕竟弯曲状态似乎更容易保持平衡。但为什么连手臂也伸不直呢？

因为当机器人关节伸直的时候，就达到了机器人的所谓的奇异状态，就会因为失去某个方向的自由度而使得驱动算法中出现除以 0 的情况。这样会造成机器人关节失控，或者简单地说，机器人不知道自己该往哪个方向运动了。

举个简单的例子，当人类的手臂没有伸直的时候，可以往所有方向运动。而当我们将手臂完全伸直的时候，那么至少继续前伸就不可能了。这就相当于失去了向前伸的自由度。

而且机器人的关节控制无法做到像人类一样，通过复杂的肌肉腱来改变其奇异状态。如果机器人手臂处于奇异状态，就会失去驱动能力。所以在设计机器人运动轨迹的时候，都会刻意避免机器人处于奇异状态，也就是避免让四肢呈完全伸直的状态。即使是在运动的时候，也会尽量绕开奇异点。所以在大家看机器人，尤其是机械臂的运动时，总会发现它似乎做出了一些奇怪的动作。但如果你仔细观察，就会发现这些动作其实是在尽量避免让机械臂完全伸直的状态出现，如下图所示。

»机械臂运动时总会刻意保持弯曲

5.4.2 很重要的技术分支：力回馈技术

在机器人技术中，还有一个很重要的技术分支，那就是力回馈技术。什么是力回馈技术？简单地举个例子，让你拿起一块砖头，那么只要你有力气就行。至于你拿起砖头的力量是否大了点儿，并不重要。因为砖头足够硬，很难被捏碎。但如果是去拿一个生鸡蛋，就不一样了，需要精确把控力度。如果用力过大，有可能把蛋壳捏破；如果用力过小，则有可能使鸡蛋滑出去。

人类是靠着手上的神经系统和生活常识，决定自己手的用力的。这套反射系统在机器人领域，就是力回馈技术。该技术也是帮助机器人做更多事情的关键技术之一。

现在普通的工业机器人，大约可以拿起500千克以上的物体。

力气足够大，但力气大了之后容易把脆弱的物体夹坏。力回馈技术的工作原理就是，在机械手触碰到物体之后，有一个反作用力会反馈给传感器，配合力回馈控制算法，从而控制机械手施加最合适的抓取力量。这也就相当于给机械手增加了类似于人的触觉的能力。如下图所示，机械手能抓起鸡蛋。

»机械手能抓起鸡蛋

在实际的工业制造过程中，这个技术尤为关键。当年我国有一家船用螺旋桨企业，想要建立起一套机器人精铣桨叶的智能工位，攻克难关时就被机器人的力回馈技术给难住了。

因为这种精铣工序要求对机械手的力度控制非常精准。一般的螺旋桨都是由铜合金制造的，表面相对较软。在机械手抓着铣刀接触桨面的一瞬间，必须及时降低力度，不然很容易给螺旋桨铣出一个小坑。这在加工领域叫过切。过切是非常麻烦的，超出一定程度的话，整个桨叶就报废了。

为此当时这家企业在全球散布“英雄帖”，请国内外机器人企业和数控企业一起来攻关这个项目，由此可见力回馈技术是多么高端的存在。如果想要机器人更多地出现在人类的生活中，那么力回馈技术也是必须要实现突破的。

好在这几年随着机器人的不断应用，力回馈技术得到了大幅提升。已经有研究机构展示了用机械手抓起烟灰的能力。2023年，某大学教授也当众展示了他们团队研发的带有精准力回馈技术的机械手，该机械手给他本人刮了胡子，如下图所示。

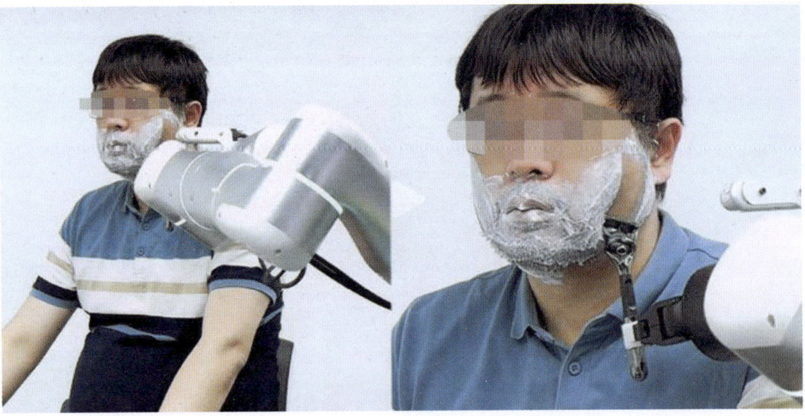

»展示机械手刮胡子

力回馈技术的逐步完善解决了机器人帮助我们生活和工作的一大障碍。比如，未来机器人能给人做康复按摩、帮助老人起床等与人体接触较多的工作，而不会因为力度控制不好而给人带来伤害。

5.4.3 环境感知技术

机器人的另一个技术是环境感知技术。

近几年在机器人家族中出现了一个新成员，叫协作机器人。从它的名字大家可能已经猜出，它是可以和人一起在产线上协同工作的机器人。这种机器人与传统的产线机器人的重要区别是，其去掉了以往围在机器人周围的护栏和围笼，让机器人与人类完全接触。这样既能发挥人类的智力和柔性操作能力，又能利用机器人提高工作效率和质量。这种新型机器人已经越来越多地在高端产线上得到应用。下图是协作机器人与工人一起工作。

»协作机器人与工人一起工作

但是要想做人机联合工作，协作机器人需要对人类更友好，也就是要有优秀的环境感知能力和防伤害能力。比如，机器人的表面和关节都必须是光滑且平整的，没有尖锐的转角或者容易夹伤人的缝隙；机器人要有更强的环境感知能力，能根据环境的变化及时改变自身的行为；当然更不能少了敏感的力回馈技术，当与人体发生碰撞的时候，机器人要能立即停止动作。只有做到了这些，人们才敢撤去以往围在工业机器人周围的护栏和围笼。

在这种新型机器人领域，我国发展得相当迅速。据日本经济新闻报道，来自中国的协作机器人已经大量进入日本，比如进入丰田汽车的产线等。而且中国的协作机器人不仅是在丰田等合资企业内使用，在日本本土产线上也得到了大量使用，甚至中国的企业已经开始规划在名古屋建立机器人生产厂。能在制造出顶级机器人的日本投资建设自己品牌的机器人，足以说明我国在这个分支上的技术能力。

5.4.4 仿生皮肤

机器人领域还有一个新兴的技术分支，就是仿生皮肤。这是专属人形机器人的技术。

在 2024 年北京举办的世界机器人大会上，参会者都惊讶地发现如今的仿生皮肤技术已经发展到令人吃惊的地步。下面介绍几个简单的技术细节，现在的仿生皮肤不仅色泽和质感与人类皮肤非常相似，而且具备类似人类皮肤的弹性，还能像人类一样自加热到 36℃，这与人类体表的温度非常接近。如果闭上眼睛触摸，就如同触摸人类的皮肤一样。下图是北京世界机器人大会上的仿生机器人。

»北京世界机器人大会上的仿生机器人

2024 年，清华大学研发出了全球首款、具有仿生三维架构的新型电子皮肤，其能够精确感知外界的压力、摩擦力，以及滑动时产生的剪切力等，还能应变多种物理现象，甚至可以感受到在逐渐接触一个发热物体时周围温度的变化，从而判断出与这个物体之间的距离。这跟人与人之间的接触方式非常接近。

仿生电子皮肤的感知分辨率可以达到 0.1 毫米，这几乎等于未经严格训练的人类皮肤的感知能力。这种仿生电子皮肤的结构甚至与人类皮肤相仿，也是由表皮、真皮和皮下组织组成的，主要的传感器也和人类神经一样，部署在真皮层中。这样的仿生电子皮肤是仿生学科上的一大进步，有了这项技术，未来机器人的感知能力会无限贴近人类的触觉。

总的来说，现在的机器人技术已经进入了“万事俱备，只欠东风”的状态，而这个东风就是机器人应用领域的扩展。

5.5 机器人会出现在哪里

机器人应用与普通人关联最直接的领域就是养老。毕竟人总会变老、生病，以往家中老人病了，总会牵扯几个家人的精力，所以老龄化社会一直是让发达国家头疼的问题。比如，日本就被老龄化折磨了好多年，甚至70多岁的老人还要到建筑工地去打工。

让日本媒体羡慕的是，中国居然把这个让所有发达国家头疼的问题转化成了一个巨大的市场。这个市场不仅能让老年人拥有一个更舒适的晚年，还给年轻人带来了新的工作机会。这个市场就是机器人养老市场。

在2023年的北京市海淀区政务平台上，曾发布过这样一则消息：海淀区政府和北京大学合作推出了一款家庭智能服务机器人，在畅春园社区和承泽园社区免费向700户老人进行派发，该机器人成为燕园街道智慧社区和智慧养老服务中心的重要组成部分。

老人们在家就能通过这个机器人预约家政服务、一键呼叫紧急救援等。机器人还可以与老人进行日常交流和娱乐。这是我国在小步快跑地推进机器人养老市场的尝试之一。

科大讯飞曾研发出一款遥控器，利用自家电视就能监测心率、血糖等健康指标，还能向AI咨询健康服务。深圳优必选公司也推出了老人代步和陪伴老人的人形机器人。在江苏高科技养老示范区内，老人房间内的马桶可以自动判断老人的健康状况，床上的传感器能够根据老人的体温自动调节房间空调的温度等。

我国用现代工业技术解决养老难题，连日本经济新闻都专门发表文章，羡慕地说中国的老龄化不仅没有拖累社会经济，反而带来了商机。同时让日本媒体感慨的是，中国进入老龄化社会的时间要远迟于日本，但是国家推动养老服务的力度远远强于日本。根据日本记者的报道，中国到2022年为止，银发经济产业已经超过了10万亿元的规模，预计到2027年，会超过20万亿元的规模。

下图是银发经济中的机器人养老场景。

»银发经济中的机器人养老场景

这是新质生产力创造出来的一片巨大蓝海，看到这里的读者也可以多多关注这个领域，里面充满了无限的商机。

除了养老，人形机器人和机器狗等先进设备将会广泛应用于危险的工作环境。比如，灾后的搜救、事故现场的处理、可疑爆炸品的排除等。其在消防领域的应用也很广泛，比如对着火现场人员的搜寻，对起火点的确认，以及对火场范围的探测，还可以携带救生设备给幸存者，甚至引导、拖曳幸存者逃离危险区域等。

前面介绍过，机器狗在军事领域也会起到颠覆以往战争模式的作用。比如，可以通过无人机投送携带武器的机器狗，机器狗单独或者通过编组埋伏在敌军的后方。机器狗的潜伏能力要远强于人类士兵。首先它的体积要远小于士兵，同时它还可以轻松地做到长时间不吃不喝不动，对周围环境和生物鸟类等几乎不造成任何影响。机器狗潜伏时也没有红外特征，传统的侦察手段都会失去作用。机器狗甚至可以潜伏在水中和沙土下，这样就更难被发现了。等到目标出现时，机器狗可以在任何对方无法想到的区域出现，完成打击任务。

这样的作战方式将使战场不复存在所谓的安全区域，也会让全球各国重新研究在有机器人参与的战争模式下该如何排兵布阵。

机器人就介绍到这里，由于这是一个高速发展的行业，因此笔者建议读者多多关注这个行业的新技术和新发展。这个领域的应用还处于较为浅层次的水平，相信两三年内，我们就能看到机器人在人类生活和工作中的大量新应用。比如，之前就有泰山景区的管理者利用机器狗向山上运输物资，并将山上的垃圾带到山下等。类似的应用正在等待着人们去发掘。

每当发现一种新的应用，就相当于多了一份值得奋斗的事业。可以毫不夸张地说：机器人的应用就如同仍埋在地下的一座金山。

6

第六章

走入科幻世界的低空经济

我们把低空经济这个新质生产力放在最后一章讲有两个原因。一是这个新质生产力是最接近科幻世界体验的一种新技术；二是这个技术的应用是之前所介绍的新质生产力的集大成者，包括半导体、电驱、人工智能、传感器、锂电池等，并叠加先进的飞行控制、无人机交互技术等。可以说，如果上面任何一种技术不过关，都支撑不起低空经济的发展。

我国在“十四五”期间发布的《国家综合立体交通网规划纲要》中明确，到 2035 年国家支撑经济发展的商用和工业级无人机预期达到 2600 万架，同期，无人机驾驶员也将增长到 63 万名。到 2035 年，中央对国家低空经济的产业规模预期是超 6 万亿元。

看看，还有不到十年的时间，我国在这个新兴领域至少要获得 6 万亿元的新市场，所以值得大家花点儿时间，对这个市场所涉及的领域和技术做一个初步的了解。下图是低空经济中的城市立体交通图。

»低空经济中的城市立体交通图

6.1 多低才算低空经济

按照官方的定义：低空经济是以各种有人驾驶和无人驾驶航空器的各类低空飞行活动为牵引，辐射带动相关领域融合发展的综合性经济形态。

低空经济会广泛体现在第一产业（农业）、第二产业（工业）和第三产业（服务业）。低空经济在促进经济发展、加强社会保障、服务国防事业等方面将发挥日益重要的作用。

下面再具体一点儿，说说低空经济的范围。

低空经济中的“低空”指的是，距离地面垂直高度 1 千米以下的空域范围，根据实际需要，可延伸至不超过 3 千米的高度。在这个空域范围内，提供的工作和生活服务，才叫低空经济。低空经济涉及的设备，包括有人和无人飞行器。比如，大家都熟知的直升机，以及后面要讲到的无人机投送快递、无人空中出租车等。这些设备可以是载人的，也可以是载货的。

对于从业者而言，除了天上的飞行器，低空经济也包括地面上的飞行器的研发制造、运营服务等直接相关领域，还涉及综合保障、空域管理等诸多方面。由此又可以将低空经济划分成四大板块。

- 低空航空器的制造，是低空经济的基础，包括航空器的研发、生产制造及认证等。
- 低空航空器的飞行服务，是低空经济的核心应用，涉及低空飞行的载人服务、载货服务、农业喷洒服务（如下图所示）、特殊状况处理服务及飞行培训等。

- 低空经济的保障，是对低空经济运营的重要保障依据，包括低空飞行的空域管理、飞行路线规划、飞行安全监控等。
- 低空经济的综合服务，是指低空经济的周边服务，比如航空会展、飞行广告等。

»无人机在田间喷洒化肥

后面将对低空经济的四大板块进行一一介绍。

6.2　造低空航空器需要注意什么

低空航空器的制造分成两大类：一是制造无须载人的中小型的无人机，二是制造能载人的无人机。为什么要这么分，因为它们需要取得的证书是不同的。

制造无须载人的无人机的企业，与其他制造业企业差不多，申请工商营业执照、组织机构代码证、税务登记证等基本就够了。只是因为无人机具有一定的特殊性，所以会要求无人机企业的一些员工具有民用无人驾驶航空器系统驾驶员合格证。这是由中国民用航空局颁发的证书，是从事民用无人驾驶航空器活动的必备证书。此外还有特种作业人员操作证或当地要求的一些相关证书。

这个领域非常突出的品牌是大疆，大家都知道，美国国会众议院曾通过法案，意图禁止大疆在美国市场销售新的无人机，并将其列入“黑名单”。大疆也被消费者戏称是美国“白宫严选”的品牌。大疆自身实力非常过硬，在全球消费级无人机市场上的份额接近 80%，并且在北美市场上的份额高达 75%。

更加罕见的是，在美国国会众议院通过的《国防授权法案》当中，有全面禁止大疆在美国销售的条款。结果最先跳出来反对的，居然是美国军方、政府机构及执法机构。他们反对的理由是，大疆无人机具有不可替代性，如果被禁止采购，那么将可能造成无法完成某些任务的情况出现。

其实类似情况在英国也曾出现。2022 年，英国与美国联合限制购买大疆无人机，结果英国每日电讯网却爆出，英国国防部悄悄地签订了一份合同，购买了一批大疆的无人机及配件。

根据英国每日电讯网介绍，英国国防部采购的这批大疆无人机，据说要用在监控军事演习上，无人机能够及时把演习战场的信息传回指挥部，以便指挥部及时了解演习的进度，以及对演习结果进行评估。下图是英国军事演习使用大疆无人机的场景。

»英国军事演习使用大疆无人机的场景

可见这批大疆无人机的作用相当关键。由此也能看出，我们的产品已经打破了人们长期的固有观念，不再仅仅依靠价格便宜取胜。要知道军用品可不会在意那点儿差价。

军事演习用的无人机，需要在复杂的战场环境下穿行，要能够适应复杂多变的天气，毕竟军事演习有时会专门选择恶劣天气进行。这种无人机还要能抵御突变的气流，比如大口径炮弹爆炸时产生的气浪冲击等。另外，战场的电磁环境极为复杂，有大功率雷达的发射波，也有电子对抗和电子干扰等，所以无人机还要具备优秀的电磁防护能力。

大疆的无人机作为标准民用品，居然能经受住战场的考验，由此可见其质量和性能是多么优秀。那么大疆到底有什么独家秘籍呢？

首先是飞行控制技术，这是所有飞行器技术中最关键的技术之一。其中最重要的是航空控制律算法，它被各家航空器制造公司列为核心技术，而美国也长期对我国严格禁运该技术。

这个飞行控制技术是做什么的呢？它是保证航空器能够按照指令及航空器所处的环境做出正确的飞行姿态的。下面举个简单的例子，我们骑自行车在路上要转弯，其实大脑中是有一套算法的。比如，眼睛看到的道路形状、车头对准的方向及身体感受到的自行车平衡度等信息。这些信息都会被传回大脑，大脑会根据这些信息指挥双手该如何控制车把的转向幅度，双腿该如何用力，蹬出多大的速度才能完成这个转弯等。

能让大脑做出这一系列指令的算法，就叫控制律算法。指挥我们身体姿态和动作的这套神经、肌肉系统，可以看作人体的控制系统。

无人机的飞行控制技术需要能够根据无人机上的各类传感器，汇总无人机的姿态、高度、航向、速度等飞行参数信息，对电机、螺旋桨等相关部件做出变化指令。所以业内也有人将航空控制律算法叫作飞行控制中的灵魂算法。

大疆自主创新的飞行控制技术具有多种先进功能，比如，能在信号被截断的时候选择自动返航，能在飞行途中遇到障碍物的时候完成自动避障等操作。同时，无人机还可以具有自动跟随、辨别手势控制等令人惊叹的功能。

无人机另一个关键技术是旋翼芯片技术。这组芯片可以控制无人机的旋翼电机，能够对旋翼的转速和角度做出精准调节，从而保证无人机具有最佳的平衡能力和灵敏度。这个技术的领先，也使得大疆无人机在复杂气流环境下依然能够保持稳定的飞行和准确的悬空。下图是无人机旋翼流体力学分析。

»无人机旋翼流体力学分析

还有飞行安全保障系统，这是无人机安全飞行的支撑系统，负责监测无人机的飞行姿态、信号强度、电池电量等各种数据，通过传感器与自动控制系统联动，防止无人机出现飞行故障和飞行危险。

要特别说明一下的是，影像设备也是大疆的核心技术之一。几乎可以说，航拍这种比较时髦的方式，是由大疆带动起来的。很多大疆无人机用户，都用大疆无人机来玩航拍。

要想实现完美的相机与无人机的集成联动、摄像头的稳定对焦、拍摄时的清晰度控制等，就要掌握高清摄像头控制、智能拍照控制、目标识别追踪技术及智能变焦技术等，这也是大疆独树一帜的领域。

有意思的是，因为掌握了这些技术，大疆甚至开始走入摄影和摄像领域。

笔者在近期的几次采访工业企业的活动中，看到同行，一群专业媒体记者，手中拿着的不再是传统的相机，而是一个个小巧玲珑、类似摄影杆的东西。当时笔者就向这些专业媒体记者进行了请教，原来这就是大疆的 Pocket 系列口袋相机。

据这些记者们介绍：大疆的相机既有手机的轻便，又有专业相机的功能，而且采访录制非常方便。不论是手持拍照被采访者，还是拍摄大的场景都非常顺手。这种口袋相机还自带可收起的支架，在会议室与企业进行交流的时候，只要在桌子上随手一架，就能完成各角度的拍摄和记录。

下图是大疆的口袋相机。

»大疆的口袋相机

同行来抢生意并不可怕，可怕的是跨行而来的竞争者。想想看，大疆为了提高无人机航拍质量，必须开发自动对焦、自动曝光、防抖防颤、色彩还原等多种技术。这些技术有时候恰好填补了传统相机的短板，也恰好能满足一些细分人群的需求，这样就必然能争得一部分市场。

全球传统相机市场规模并不大，约 500 亿元人民币的规模，中国市场约 140 亿元人民币的规模，且市场规模逐年缩减。本来传统企业已经活得不是那么舒服，一旦被大疆再拿去五分之一或者十分之一的市场，其必定面临雪上加霜的境地。市场的萎缩也必然带来研发投入的减少，研发投入的减少又会带来传统相机技术的逐渐落后。

而对大疆来说则不同，相机领域不过是在保证主业的同时，顺便进行的研发。有市场当然好，市场如果不理想，还能从主业中得到回报。也许当大家看到这本书的时候，传闻中的大疆五反相机将会出现在市面上。

通过这个案例想让大家知道，国家为什么如此重视新质生产力。就是因为新质生产力不仅给主业带来巨大的变革，其外延技术还会影响周边的行业。可谓是“一步先，步步先”。

当然我国无人机技术能独占世界鳌头，不仅靠大疆一家企业，还有很多优秀的企业，在各行各业发挥着作用。例如，深圳道通智能的无人机也受到了美国的关注。能够被列入美国的限制名单并非易事，这不仅意味着产品具备一定的市场影响力，还代表着企业拥有行业内的尖端技术。

道通智能是一家具有多旋翼、倾转旋翼无人机全链条核心技术的企业，拥有自主研发的飞行、组网、飞行控制、云台增稳、超清影像、高效续航等六大核心技术。

国家电网的西电东送线路就是靠着道通智能的无人机保驾护航的。他们还为南方电网定制了专门的用于输电杆塔巡检的无人机。上海港航也用道通智能的无人机进行非法船只的巡查等。下图是智能无人机巡查电网的场景。

»智能无人机巡查电网的场景

6.3 想知道中国无人机有多强吗

我国的无人机技术到底有多领先呢？看看我们是如何限制无人机技术出口的就知道了。

2024 年 7 月底，有关部门公布了一份加强无人机出口限制的清单，被限制的技术和产品清单内容引起了人们的关注。

第一项被限制的是高精度惯性测量设备。这是无人机导航定位和飞行姿态控制的关键设备。这也印证了前面介绍的，我国无人机在这个领域占据领先地位。

2023年，受杜苏芮台风的影响，大部分北方地区下起了暴雨。北京在70小时内最大降雨量达到了1000毫米。常年生活在北京的人都说，几乎没有见过下如此长时间的大雨。像门头沟等一些山区的道路被大水阻断，部分乡村甚至成了孤岛。通信和电力设备也受到损害，造成了对外联络的中断。但是此时已经不再像过去遇到天灾那样，需要派人往里面硬闯了。我国制造业开始显现强大的力量。

房山有不少高科技无人机企业，在得知灾情之后，其中一家无人机企业从库房拉出自己的无人机，将二十部卫星电话和数十个大容量充电宝及时空运到被大水围困的乡村。

联合飞机集团也派出了无人直升机TD550和TD220，向被困地区送去了毯子、雨衣及食物等物资。

说起TD550无人直升机，它是由联合飞机集团推出的新产品。它采用共轴创新设计，能够飞到5500米的海拔高度，最大载重120千克，能够在八级风中飞行。TD550曾为我国目前海拔最高（海拔高度5400多米）的神仙湾哨所运送过补给物资，自然也能轻松应对这场暴雨。

2023年6月5日，大疆完成了全球首次高海拔无人机运输任务。用FC30无人机将15千克货物运送到海拔高度接近6000米的珠穆朗玛峰昆布冰瀑基地。这创造了世界民用无人机的最高飞行运输纪录。

这里有以下几个亮点。第一，FC30 没有经过任何改造。要知道就连波音 737 和空客 320，如果不经过改造，也无法飞高原航线。因为高原地区空气稀薄，尤其是珠穆朗玛峰山区，气候条件复杂、风向变化很快，需要更强大的飞行控制能力。第二，这次海拔高度接近 6000 米的飞行，并不是大疆无人机的天花板。因为无人机返回后经过测试，其不仅保留了 43% 的电力，还保留了至少 20% 的极限爬升裕度。

第二项被限制的是部分合成孔径雷达。我国的雷达技术早已达到世界顶级水平，连大疆农用无人机都装上了有源相控阵雷达，可见我国在这个领域的技术溢出有多厉害。要知道现在很多西方国家的主力战机都还没全部用上有源相控阵雷达。

第三项被限制的是持续的最大功率超过 16 千瓦的航空发动机。我国现在也能对外限制别人采购我们的航空发动机了。

第四项被限制的是无线电视信号。传输超过 50 千米的无线电通信设备都在这个范围内。想把信号传到那么远并不难，难的是设备要小到能装载在无人机上，而且效率要高、耗电要低。如果做不到这点，会大幅影响无人机的续航能力。

第五项被限制的最精彩，是无人机集群控制技术。让很多人惊讶的是，这次限制的是能够控制十架以上无人机的集群控制技术。现在随便哪个城市搞庆典，不来个数千架无人机的空中表演，主办方都会觉得不好意思。

2023 年 9 月，深圳大漠大智控公司在深圳湾完成了 10 197 架无人机集群的表演，刷新了世界无人机集群数量的最高纪录，如下图所示。这一壮举甚至赢得了“钢铁侠”马斯克的赞誉，他在社交媒体上为这一表演点赞。而根据中国的出口管制政策，出口十架以上无人机的集群控制技术是受到限制的，这显示了我国在无人机集群控制技术方面的实力和对外出口的严格管理。这样的技术差距和出口限制，确实令人感到惊讶和意外。

»万架无人机集群起飞

第六项被限制的则是很多人关心的反无人机技术和设备。这次限制的是能对 5000 米之外的无人机进行干扰的反无人机干扰设备。这项限制说明我们能在 5000 米之外对无人机进行电子干扰和压制。当然，实际能做到的最大距离肯定远超 5000 米。

6.4 让人眼花缭乱的无人机

我国实行的 144 小时免签政策，简直可以说是神来之笔。数以百万计享受免签政策国家的游客，自掏腰包亲身体验中国的发展现状。其中无数先进技术的应用使得这些“老外”大开眼界。新奇之下，他们在各种社交媒体上发布自己的旅游经历，使得国外一些对中国的不实宣传不攻而破。如果用网上的段子来形容，那就是“自有大儒自带经费来为我们辩经”。

其中最让“老外”们大开眼界的事情之一，就是我国用无人机投送外卖和快递，使得接收外卖和快递几乎不再受到位置的限制，这是在国外难以看到的奇景。最出名的场景之一是，两位国外游客在深圳某公园游玩时，发现在公园里就能点外卖。他们开始还觉得奇怪，外卖员如何能在没有明显标志物的公园里把外卖送过来。结果不到20分钟，一架装着他们外卖的无人机从天而降，将外卖送到了他们面前。在国人眼中，这些操作也许已经不奇怪，但是在绝大多数国家，这就如同科幻般的存在。下图是运送外卖的无人机。

»运送外卖的无人机

现在的无人机不仅能在户外运送货物，在室内的环境中也能完成精准的定位投送。比如，在兰州有一家咖啡厅，用无人机替代服务员，将调制好的咖啡精准地送到顾客手中。这对无人机的敏感避障能力和对承重变化的调节能力都是相当大的考验。因为将咖啡杯放到无人机上，顾客从悬停的无人机上取走咖啡，都会造成无人机的承重在瞬间发生变化。无人机的飞行控制系统必须能及时做出准确的判断和控制。下图是无人机送咖啡的场景。

»无人机送咖啡的场景

6.5 我要飞得更高

据说我国还有不少人没坐过飞机，坐过直升机的朋友可能就更少了。不过这种情况很快就会改变，因为无人飞行汽车已经来了。

写到这里不禁有点儿感慨，西方国家还在纠结要不要在电动汽车领域跟我们“玩下去”的时候，我们的电动汽车都已经上天了。

当然，所谓的飞行汽车是俗称，意思是无人电动汽车能在天上飞，其真正的名称叫作吨级以上 eVLOT，翻译成中文是电动垂直起降航空器。

如果说智能驾驶改变的是道路上的出行方式，那么 eVLOT 则对未来的出行方式产生了颠覆性的影响。人们的出行将不再受到道路的约束，人们也会减少因堵车带来的烦恼，甚至城市规划时也不用考虑建设那么多座高架桥和那么多条道路，城市可利用空间将会更大。

2024 年 3 月，央媒报道了我国首条也是全球首条低空航线实现了首飞。由上海峰飞航空科技有限公司自主研制的，核心模组 100% 国产化的电动垂直起降航空器 eVLOT“盛世龙”（如下图所示），从深圳蛇口邮轮母港起飞，经过 20 分钟的飞行，降落在珠海九洲港码头。

»飞行中的 eVLOT“盛世龙”

以往人们如果想走这条线路，只有两个途径：一是坐船，二是坐车。汽车走这条线路需要 3 个多小时，如果打出租车的话，费用大约为 600 元。坐船时间则会短一些，但是由于海边气候的影响，时常会出现停航的情况。这就无法保证交通的可靠性。

eVLOT“盛世龙”一次可承载五名乘客，由于是测试线路，所以运营公司没有给出具体的乘坐费用。不过可不要认为这种出行方式会很贵，按照运营公司估计，在这种方式成规模化之后，每千米的费用不会超过 3 元，这完全是大众能够承受得起的。更何况空中飞行走的是直线，所以从甲地到乙地的距离更短。再加上旅途时间的大幅缩短和不受堵车影响这两方面的优势，完全能够预见，当“空中汽车”开始大面积推广时，其必然会成为不少人选择的出行方式。

现在多地已经规划出台更多的 eVLOT 飞行线路。比如，武汉将规划从光谷到机场的线路。身在武汉的朋友都应该知道，一旦这条线路开通，对乘坐飞机的人有多么便利。

不过有意思的是，既然 eVLOT 属于航空器，那么它要取得的证书就是大家常听说的适航证。适航证是通俗的称呼，专业领域的称呼是型号合格证。它是由国家政府的专业部门，根据当地民用航空器的产品合格审定规定，给民用航空器颁发的，是证明该航空器处于安全可用状态的证件。

适航证可不只给商用大飞机颁发，热气球、民用直升机、喷洒农药的螺旋桨飞机等都在它的审核范围内。按照我国的规定，小型和微型无人机不需要适航证，中大型无人机则需要。

一个国家的适航证只能管辖自己国家的空域。比如，美国的适航证和欧洲国家的适航证只能管辖它们自己国家的领空。而有些国家没有自己的适航证审核机构，会选择认可其他国家适航证的方法。

以 C919 举例，假设拿不到美国和欧洲国家的适航证，也只是不能在美国和欧洲国家飞行。至于其他国家，只要对方认可我们拿到的适航证，那么 C919 就能在那个国家运营。因此不要以为 C919 暂时没拿到美国和欧洲国家的适航证，就代表 C919 一定无法出口。

适航证的审核内容的核心是，审核这个民航客机的安全性，主要内容大致有三点。

第一是飞机的固有性能是否安全。意思是这架飞机造得到底结不结实，包括遇到特殊天气时，飞机机身的强度是否能够适应等。

第二是飞机是否具有运营的合适性。意思是这架飞机在日常使用的过程中有没有合适的维修时限。假如日常飞 1 小时，就要花 8 小时进行检查和维修才能保证安全，那么就说明这架飞机不适合飞行。

第三是审核预期的安全。预期的安全也分内部和外部，内部的预期安全是指飞机在核定的载重范围内，以及飞机在设计的高度和速度下是否能保证安全。外部的预期安全是指在什么程度的风雪、闪电天气或者多高的高原、不同跑道等环境下，飞机能保证飞行安全。

在这里介绍一个冷知识：不同国家对于大型飞机的飞行条件有着不同的规定，通常会在飞机性能极限的基础上预留较大的安全余量。例如，当风速达到 30 节或者下雨天导致跑道摩擦系数降至 0.1 以下时，我国的空管部门一般会限制飞机飞行。这并不是说飞机在这样的条件下无法起飞，而是因为我们设定了较大的安全缓冲。然而，并非所有国家都采用与我国相同的安全标准。

很多人听说过，在恶劣天气下某战斗民族敢起飞或降落。这并不是说他们的技术有多好，而是他们对适飞环境的要求比我国松。

在此要向大家特别说明的是，截至 2023 年 10 月，eVLOT 适航证只有我国颁布过，因为只有我国制造出了符合安全飞行要求的“无人飞行汽车”，而且已经有了两张适航证。首张颁发给了广州亿航智能技术有限公司，第二张颁发给了上海峰飞航空科技有限公司。现在吉利旗下的沃飞长空科技（成都）有限公司正在争取第三张适航证。这三家公司被航空界戏称“一窝蜂”。

我们在此设想未来的“无人飞行汽车”会有什么样的应用场景。为了航路规划的严谨、运营的秩序和安全的保证，笔者认为在一段时间内，eVLOT 不太可能大规模出售给私人，而是用于城市内部的载人出租。就像搭建起一个空中的无形轨道，像公交和地铁一样，有多条线路，中间也会设降落点。

由于 eVLOT 不受道路的限制，那么它就能够极大地减少绕路的距离，通行速度和效率会高于现有的交通工具。同时，还因为 eVLOT 无须人类驾驶，按照固定线路飞行，所以就避免了人为乱飞和引发事故的情况。而且航路固定、飞行时间固定，也有利于管理部门审批和监管。

相信当这种出行方式推广开之后，很多人会选择这种方式。毕竟在花费不多的情况下，通行速度将大幅提升，而且沿途的风景也更好看。

下面介绍低空经济能给普通人带来什么样的好处。

6.6 快来分低空经济的蛋糕

是不是有人觉得新质生产力跟自己没什么关系？如果你持有这个观点，就需要快点转变了。

2024 年 10 月 8 日，在国务院新闻办公室举行的新闻发布会上，国家发展和改革委员会副主任李春临就“国家将如何创造就业机会”等相关问题做出了回答。其中专门谈到低空经济所带来的新职位，那就是无人机驾驶员。根据李春临的介绍，据有关部门测算，现在我国这个岗位的就业人才缺口高达100万人。

举个对比的例子，2023年美国所有行业非农就业新增的就业总人数仅有210万（美国统计局说这个数字还要调整，很可能会更低）。而我国仅仅一个低空经济领域，就有这么大的就业人才缺口。这回大家知道新质生产力对我们工作和生活的影响了吧。

行业对这个职位的收入有大致统计，一名无人机驾驶员根据自身的经验水平，年薪收入为5万元～10万元，目前在北京、深圳、杭州、济南等地都有相关培训机构。感兴趣的读者，也可以搜索一下本地的无人机驾驶员培训机构。

同样在新能源汽车维修行业，现在中国的总体就业人员不足10万人。有关部门预测，到2025年，新能源汽车维修和研发方面的专业人才缺口将达到103万人。

因此新质生产力肯定会带来巨大的机会，本书的目的是希望大家能够比较容易地对新质生产力有所了解，同时能对它将带来的各种机遇有所准备。这种准备包括选择自己喜爱的行业、学习相关技能和帮助孩子规划职业道路等。

要问新的发展在哪里，请关注新质生产力。

如果大家阅读了本书，哪怕在工作和生活中得到了一丁点儿启发和帮助，笔者都会感觉无比欣慰。

感谢大家的阅读！

反侵权盗版声明

电子工业出版社依法对本作品享有专有出版权。任何未经权利人书面许可，复制、销售或通过信息网络传播本作品的行为；歪曲、篡改、剽窃本作品的行为，均违反《中华人民共和国著作权法》，其行为人应承担相应的民事责任和行政责任，构成犯罪的，将被依法追究刑事责任。

为了维护市场秩序，保护权利人的合法权益，我社将依法查处和打击侵权盗版的单位和个人。欢迎社会各界人士积极举报侵权盗版行为，本社将奖励举报有功人员，并保证举报人的信息不被泄露。

举报电话：(010)88254396；(010)88258888
传　　真：(010)88254397
E - mail：dbqq@phei.com.cn
通信地址：北京市万寿路173信箱
电子工业出版社总编办公室
邮　　编：100036